智元微库
OPEN MIND

成 长 也 是 一 种 美 好

管理的

Game of Management

博弈

吕峰 ◎ 著

人民邮电出版社

北京

图书在版编目（CIP）数据

管理的博弈 / 吕峰著. -- 北京 ：人民邮电出版社，
2022.11（2023.9重印）
　ISBN 978-7-115-59990-2

　Ⅰ．①管… Ⅱ．①吕… Ⅲ．①管理学 Ⅳ．①C93

中国版本图书馆CIP数据核字(2022)第162927号

◆　　　著　吕　峰
　　责任编辑　林飞翔
　　责任印制　周昇亮

◆人民邮电出版社出版发行　　北京市丰台区成寿寺路 11 号
　邮编 100164　电子邮件 315@ptpress.com.cn
　网址 https://www.ptpress.com.cn
　河北京平诚乾印刷有限公司印刷

◆ 开本：720×960　1/16
　印张：15.75　　　　　　　　　　2022 年 11 月第 1 版
　字数：200 千字　　　　　　　2023 年 9 月河北第 5 次印刷

定　价：69.80 元
读者服务热线：（010）81055522　印装质量热线：（010）81055316
反盗版热线：（010）81055315
广告经营许可证：京东市监广登字20170147号

推荐语

与管理相关的著作汗牛充栋，但都绕不开一个核心问题："别人为什么要听你的？"这隐喻着管理是一场没有终点的博弈，而真正的管理高手一定是正和博弈专家，在他的游戏中没有输家。吕峰在其作品《管理的博弈》一书中，解析了有效管理的基石，正是这些基石铺就了通向正和博弈的必由之路。

何伊凡

中国企业家杂志副总编辑，财经作家

从精益管理到去管理化，关于管理的书籍众多，其中大多数探讨概念，近几年，关于管理的基本职能的探讨却有些少。大道至简，本书回归管理的本质，引导读者重新审视计划、组织、领导、控制这些管理基本面。只有管理的职能价值得到充分发挥，管理才能使所有资源达到最大的效用，使人发挥出最大的潜力。

周丹

北森云计算 CHO，北森人才管理研究院院长吕峰老师是我很好的老师和兄长，我们曾经是光华管理学院的同事。吕峰老师一手创建了光华 EDP 高级管理者培训项目，培养了数以千计的优秀企业管理者。同时，吕峰老师也是北京大学创业训练营的驻场导师，他深入浅出地为数千名北创营的优秀创业青年讲述管理与领导力的知识，得到了同学们的一致好评。

　　吕峰老师是管理学及领导力领域的资深学者，他根据多年的研究经验及实践交流，完成了《管理的博弈》一书，深入浅出地为企业管理者夯实了企业管理的知识，这本书也是北大创业训练营的指定教材。希望企业家们及创业者们能够通过读吕峰老师的书，学到更加实用的管理知识。

王健

北京大学校友会副秘书长、北大创业训练 CEO

　　在市场环境激烈变化时，面对特定的资源投入和受局限的时空条件，所有企业及其管理团队都要正确处理关于进退、取舍乃至兴衰的抉择。知行合一、行稳致远的关键正是通过长期积累形成的企业管理基础。管理的博弈，也是对博弈的管理，它启发并引导企业主动把握机会，超前管控风险，形成规范、坚定、高效、灵敏的决策与执行机制。参研《管理的博弈》一书对深刻理解企业管理的基本职能、理论与实践大有裨益。

李茂津

天津友发钢管集团股份有限公司董事长

在不确定性中找到并实现可能性，或许是当下的经营管理者面临的共同课题。吕峰老师围绕此课题建构了一套有效的管理体系，以此引领我们走出混沌，更笃定地推动计划、组织等管理工作，最终获得好的产出。

雷文涛

有书创始人兼 CEO

博弈无处不在，企业管理的核心是激发人。在管理过程中，管理者和被管理者之间的动态平衡，是一门艺术。但无论怎么变化，管理者都一定要坚守管理的基本原理，不能越焦虑越想着"弯道超车"。坚守管理基本面尤为重要。

林少

十点读书创始人

序言

这是一本简单的书。

缘起

写这样一本书，是基于以下两个想法。

其一，我从 1993 年开始接触管理学，至今也有三十年了。应该说，作为一个中国企业管理研究者，我是非常幸运的，因为这三十年中国企业管理实践展现的真的是一幅多姿多彩、内容丰富的画卷。纵观全局，我能够感受到，为了企业发展，中国企业的管理者们可以说用尽了各种方法。管理思想的丛林在中国的管理实践中似乎变得更为茂盛，而且明显表现出一种时尚化的特征。

然而，管理终究不是时尚秀，不能在昙花一现的绚烂后，只有一地鸡毛留在管理实践领域。通过各种财经报道、论坛讨论以及舆情热点等，我们可以看到，企业管理者的注意力被层出不穷的各种"名词""理论"吸引。在企业管理热衷于讨论"高大上"

的问题的同时，企业也自然地"虚浮"起来。我们甚至可以这样判断：即使没有疫情的影响，很多企业也会倒下。

管理者不是演员，也没必要成为时代理念的引领者。管理者的根本任务就是照顾好企业，不断提升企业的免疫力，使它保持健康，从而更好地、持续地为客户、为社会提供价值。只要能在浮躁的经营思想市场中这么想，就不难发现，尽管企业的内外部环境总在变化，但管理的本质并没有改变。

其二，2019 年，我在《清华管理评论》上发表了一篇文章，讨论的主题是在不确定的环境下企业如何硬扛。在借鉴了小动物们抵抗严寒的冬眠策略后，文章提出，为了应对不确定性，企业必须扎扎实实地练好基本功。随后开始的疫情以及在它的影响下上演的各种商业故事，印证了我的判断。尽管病毒很可怕，但是病毒引起的并发症往往更加致命。同样的道理，当外部的挑战和压力作用于本来就孱弱的企业时，在连锁反应下，企业不得不面对更大的风险。只有那些自身健康的企业，才真的有可能将危险转化为机会。

虚浮的理论不能指导实践，管理基本职能的健全和健康才能保障企业行稳致远。我写本书的目的和希望，就是让管理实践中的理念能够理性地回到基本面。

呈现

说起管理的基本职能，人们常常不以为然。讨论这个话题显得很不前沿、很过时，因为好像基础的就意味着已经被人们完全掌握了，没必要再讨论。然而，在和学生们讨论组织中管理的基本职能时，我得到的反馈却是非常令人失望的：那些侃侃而谈的管理者们要么根本不知道什么是管理的基本职能，要么只知道名词，并不真的明白名词背后的基本内容；甚至带着极大的偏见去看待它们。但仔细想来，管理的基本职能难道不像我们日常的主食一样，虽花样不多，却是必需的吗？

本书聚焦于管理的基本职能，但它毕竟不是一本教科书，因此，解释基本职能不是本书的重点，链接现实情况并纠正人们对于管理职能可能存在的认识偏差才是本书的意图所在。在有限的篇幅里，我希望每一章都尽可能为读者提供一些具有原创性的新知。我相信，这不仅对有管理学基础的读者有益，也能帮助缺乏相应理论基础的实践者。

建议

这里不妨再次声明：本书没有什么高深的内容，顶多算是在变化环境下的一个提醒，我希望它能够引起读者朋友们对管理基本职能的关注。"行"上有困难，常常是因为"知"上有局限。这种局限并不一定表现为不知道，也表现为忽略了或忘记了。在阅读时，大家不妨沿着相关章节讨论的内容，温习并扩展思考相应的管理职能。如果能结合企业管理实践进行一些基础性建设，这本书的目的才算是初步达到了。

阅读本书时，如果抱着开放的心态，或许更容易就管理实践中面临的问题找到共鸣，触发对实践的反思，进而真的把管理基本职能弄明白。这样，无论多么复杂的企业架构，都会有更坚实的根基保障。

致谢

感谢人民邮电出版社的张渝涓女士、林飞翔先生，他们的专业和一丝不苟的工作对本书来说非常关键；感谢经营与管理杂志社的刘佳女士，她的帮助和建议提升了本书的可读性；感谢这两年在朋友圈中对相关内容给予回应的朋友们，他们多元化的建议丰富了我的写作思路；最后，感谢这个时代，让这样的提醒显得有点儿意义。

2022 年 7 月 5 日于菜户营

目录

Chapter 1

第一章　管理的基石

近些年，互联网行业中出现了一些"专业名词"：深度串联、势能积累、高频触达、底层逻辑等。它们扑面而来，强烈冲击和影响着管理实践领域的方方面面。管理实践领域俨然成为一个秀场，其中的人们从交流方式到实际工作行为似乎都更时尚化了。你是否在焦虑中或主动或被动地将注意力转移到认知潮流中，追逐那些所谓"普遍认可"的、"最新"的管理思想和方式？你是否会把市场上流行的所谓管理理论或理念引入自己的企业管理实践？然而，很多让某些企业成为商业奇迹的经验，常常无法被应用于普通的企业。

在时尚与朴素隐隐博弈、交锋时，追逐时尚者有之，迷茫徘徊者有之，淡定自守者亦有之。怎样面对才更好呢？想揭开"管理时尚"的面纱，先看其"庐山真面目"吧……

◇◇◇◇ 时尚化的管理

"华丽的新装"——你不知道的管理时尚

"时尚"一词在字典里有两个解释：当时的风尚；合于时尚。也就是说，时尚一是存在于某一特定的时间，二是变得流行或形成了习惯。时尚（fashion）一词源于法国，本用于形容法国贵族华丽奢侈的服饰；之后进入英语体系，反映英国贵族对法国服饰的追捧。中世纪晚期，贵族的新服装款式一经出现，其他人就开始追随并奉为潮流，贵族又迅速发展出新的服饰，由此互相追逐，这反映出时尚"受到追捧、非理性、呈周期性不断变化"的三个特征，从中我们也能发现时尚形成过程中的创造者、传播者、追随者等关键角色。

那么，这样一个用于形容"非理性""呈周期性不断变化"的词汇，是如何与本应"理性"的管理学链接的？20 世纪八九十年代，以知识管理、业务流程的再造为代表的一系列管理概念兴起又衰落，将管理与时尚绑在一起，一些流行的管理理念和技术也表现出周期性变化的特征。

学术界已经认识到，管理是作为时尚的存在。1996 年，亚伯拉罕森在"管理时尚"一文中指出，管理时尚是一种短暂的集体信念，由管理时尚的制定者传播，这种信念认为某种管理方法会导致管理进步。另外，管理时尚有三个特点（见图 1-1）。

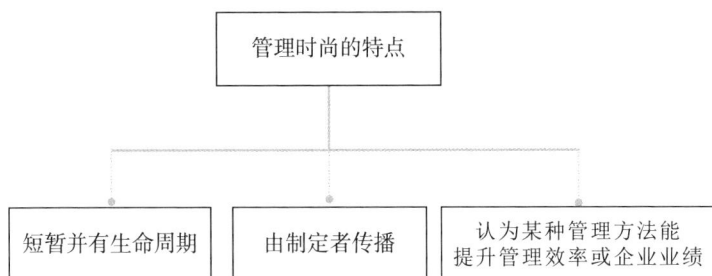

```
┌─────────────────────┐
│     管理时尚的特点      │
└─────────────────────┘
    ┌──────┼──────────────┐
┌─────────┐ ┌─────────┐ ┌───────────────────┐
│短暂并有生命周期│ │由制定者传播│ │认为某种管理方法能      │
│         │ │         │ │提升管理效率或企业业绩   │
└─────────┘ └─────────┘ └───────────────────┘
```

图 1-1　管理时尚的特点

管理时尚受到追捧的时间是短暂的，具有生命周期。在影响管理时尚更迭速度的因素方面，技术发展的作用不容忽视。技术发展让管理时尚传播得更迅速、广泛，让一个概念能够迅速蹿红，也让它被另一个概念快速替代甚至被遗忘。管理时尚的更迭速度越来越快。管理时尚的生命周期大致包括导入、成长、成熟、衰退等几个阶段，其曲线随时间变化大致会呈"倒U形"或"钟形"。

管理时尚是由制定者传播的。管理时尚市场的主要"供给方"通常来自三个领域：学术界（研究机构）、咨询公司、率先提出并使用某管理时尚的企业。它们提供各种各样的"时髦词汇"给"需求方"（企业和企业管理者）。常常是供给方告诉需求方他们的需求应该是什么样子的，以此影响需求方管理者对管理时尚的非理性消费。

管理时尚认为，某种管理方法能提升管理效率或企业业绩。新瓶装旧酒能够刺激人们的需求。换种方式表达一种管理方法，对管理实践的推动是有一定作用的，例如激发人们的工作投入度，或者让管理层有了新的角度来降低变革阻力，但是想评价管理时尚的作用还需考虑长期和短期的问题。管理时尚的周期性常常让管理者更关注某种管理方法带来的短期效果，而忽略了其对组织的长期影响。正是因为有潜在的新增长点，当一个管理时尚被越来越多地关注与讨论时，时尚体验的先锋者已开始尝试寻找下一个管理时尚，这样管理时尚的提出和传播不断交替进行。

纸媒介·电媒介·线下活动——管理时尚是这样传播的

管理时尚通常会采用以下三种较普遍的方式进行传播（见表1-1）。

表 1-1　管理时尚的传播方式

传播方式	举例	优势与特点	问题或局限
纸媒介	畅销书是管理时尚的主要传播途径，此外还有各类期刊等。"蓝海战略"这一管理时尚从《蓝海战略》一书开始传播，该书作者对跨度为一百多年、涉及三十多个产业的150个战略行动进行了研究汇总	符合管理时尚的供求关系（供给方获取名望和利益，需求方需要新思想来调整企业的管理方式，中介机构、咨询公司也可以在消化吸收后参与管理时尚的传播）《蓝海战略》一书的知识结构和逻辑都十分完整，内容翔实，理论和实例相互印证，易被管理时尚的需求方接受	迭代速度慢，较难更新 在《蓝海战略》出版10年后的2016年，作者之一 W. 钱·金（W. Chan Kim）提出了一些新观点，但影响程度很难与10年前相提并论。给时尚打的"补丁"总让人有一种炒冷饭的感觉
电媒介	广播、电视节目、互联网等传播途径；以互联网新媒体为媒介的新型大众传媒成为重要传播途径；微信公众号、微博、短视频等都属于新型大众传播途径	讨论度较高，有利于管理思想触达更多需求者；一些知识服务平台以网络图文、音频、视频为载体，以浓缩精讲等方式实现书籍知识的二次分发，为管理时尚快速广泛地传播带来了便利；知识迭代的速度更快，能在讨论中提升热度	转述者由于理解能力的差异或个人主观立场的不同，可能对知识进行二次加工后使原本的内容走样、变味，可能淹没有价值的供给方，让需求方很难判断

（续表）

传播方式	举例	优势与特点	问题或局限
线下活动	进行面对面线下宣传活动，营造氛围；典型的就是近几年形形色色的"跨年演讲"	催生新词汇、新金句，如"困在数字化系统里""生态赋能范式"等概念，引起了广泛讨论，使听众产生从众行为	由于时间有限，活动内容也受到局限，并且会使更多启发性观点和话题涌现，甚至引发争议或负面舆论

经营导向，实践检验——对待管理时尚要谨慎开放

面对不确定的经营环境，管理思想市场从来都不乏时尚元素。应该如何对待琳琅满目的管理时尚呢？不妨注意以下几点。

保持谨慎的开放心态——管理时会有前瞻性地提出一些创新的概念和方法，有一定的借鉴意义。例如，华为公司提出的"以奋斗者为本"的理念，越来越被企业高级管理者和人力资源管理者所接受。同时，企业管理者也要极为慎重地了解管理时尚的应用条件，不要盲目跟风，应该从容、冷静地观察它的应用状态，再根据自身情况进行调整。松下公司采取的策略就是：不做第一，坚定地成为第二。企业管理者应认真思考如果在自己的公司贯彻这一理论，公司会有怎样的状态。一个成功的大企业之所以能够

使用一个理论，有时是因为它已经具备一些条件，而这些条件可能是那些中小企业完全不具备的。基于大企业成功经验形成的管理时尚往往难以被中小企业学习和借鉴。

了解管理时尚的发起者——由学术界提出的管理时尚有着更强烈的理论色彩，在消化吸收和具体实施时，管理实践者要具有更强大的理解能力和执行能力；由咨询公司提出的管理时尚，更易于操作和执行，但可能更以利益为导向，对于其中的缺陷和不足避重就轻。对此，最重要的是区分"真知灼见"和"新瓶装旧酒"。同时，管理实践者还要预知一些管理时尚落地后可能产生的问题，降低企业的风险。

坚持经营导向——不断涌现的管理方法、工具、理论，终究都要服务于经营目标。企业管理者对于"能帮助企业实现经营目标吗""能帮助企业克服目前的问题吗""会影响企业经营方针的贯彻吗"等问题必须慎重回答。此外，管理是一个系统，而管理时尚往往聚焦于某个点或某个管理领域。如果没有其他系统的相应配合，又或者企业管理者虎头蛇尾，不能坚持变革，会对组织产生无法预估的伤害。很多兴师动众推行的管理变革，几年后常常都只剩下一地鸡毛。能否为企业带来成长和价值，是检验管理时尚的重要标准。企业不妨设定一个时间范围和心理预期，以更积极、辩证的状态对待管理时尚。

正如"再造理论"在很大程度上满足了管理实践中对于员工调整与优化的需要一样，如果说管理时尚常常是企业发展过程中的一种特殊的短暂表现，迎合了特定情形的需要，那么本书接下来开启的管理思想之旅、梳理的管理基本职能，则更像是剖去浮华外表，探索企业管理发展方面的普遍真理。管理者经常处于现实环境下的管理实践与书本上、讲堂上的精彩案例之间的交替变化、博弈纷争中，主动或被动地左右摇摆。如果简单照搬华为、小米等企业的管理方法，却不考虑自身实际情况，是很危险的。

管理时尚无法满足真正的管理需要。回溯管理理论的沿革，回归管理的基本职能，更冷静地整理管理思路，才是企业长久、健康、稳定地发展的基础。

◇◇◇◇ 管理思想的演化

　　"如何实现有效管理"大概是人类在形成组织后一直思考的问题。正所谓"一个好汉三个帮""兵不在多，以治为胜""治也者心也，安也者心也""天时不如地利，地利不如人和"。爱因斯坦说过："我的物质生活与精神生活均建立在别人的劳动之上，我意识到，我必须竭尽全力才能给予程度相当的回报，以此回馈我所得到的一切。"个人技术不如整体组织，整体组织不如系统制度。创办或管理一家企业更是如此，从东方到西方，在管理理论正式诞生前，人们对管理的智慧以及管理实践中的相关体系都已有一定程度的探索，如今被人们讨论的系统的管理理论则只有一百多年的历史。

"科学管理"——泰勒的工厂原则

弗雷德里克·泰勒被称为科学管理学之父，是现代管理理论的奠基人。泰勒先后当过工人、车间管理员、技师、工长、制图部主任、总经理等，对一线生产工作有着深入的观察和思考。基于在工厂的工作经验和潜心研究，泰勒在 1911 年发表了里程碑式的著作《科学管理原理》。这本书对西方管理实践产生了非常深远的影响。在书中，泰勒提出了著名的科学管理基本原则（见图1-2）。

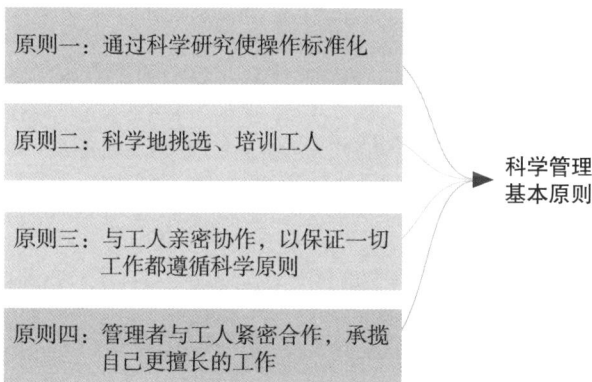

图 1-2　科学管理基本原则

原则一：通过科学研究使操作标准化。对工人的每个操作进行科学研究，用标准化操作替代只凭经验进行的操作。这是泰勒管理原则中最基本、最重要的一点。一百多年前，如果你站在泰勒所处的伯利恒钢铁厂，面对来自世界各地、背景多元、技能经验迥异的工人，你会怎样实现顺利生产、成本控制并保障产品的质量？泰勒认为，必须让工人表现出如机器般的一致性和稳定性，才能制造出达到预期的最终产品。他主张进行"动时研究"，即必须用科学的方法对工人的操作行为、使用的工具、劳动时间和休息时间、作业环境等进行分析，消除可能影响效率的一切不合理因素，把各种有利因素结合起来，找到实现最佳效率的标准化方法。通过推行标准化，伯利恒钢铁厂的铲运工每天铲运生铁数从16吨增加到59吨，每吨操作成本由7.2美分降低到3.3美分，而工人每天的工资由1.15美元增加到1.85美元。

原则二：科学地挑选、培训工人。要促进工人成长，而不是由工人自己挑选工作，不是让工人自己想办法训练自己。随着组织规模不断扩张，人员建设也需要更科学化。泰勒认为，要认真挑选工人并培训他们。培训的作用体现在多方面，培训可以让工人掌握与特定组织和特定工作相关的技能。来自其他组织的有经验的跳槽者也只有把曾经的工作经验有效地与新的工作岗位结合，才能让自己的能力得到充分发挥，一味照搬而忽略具体情况，就会出现所谓的"水土不服"。

原则三：与工人亲密协作，以保证一切工作都遵循科学原则。管理者必须与工人亲密协作。虽然严格的管理和控制是保证质量的重要手段，但工人只有认真、投入地工作，才能制造出更卓越的产品。工人不是管理制度针对的对象，而是与管理者共同完成任务的合作者。如果把组织比喻为人体，那么处在基层、从事具体工作的工人就是末梢神经。正是这些最细微的末梢神经在各自的岗位上体会着组织的变化，体会着来自客户、市场等的敏感的信息，为组织提供有价值的预警。

原则四：**管理者与工人紧密合作，承揽自己更擅长的工作。**管理者必须站在更高的层面进行计划、组织、协调、沟通等，要"做正确的事"，而工人负责执行，需要"正确地做事"，二者必须紧密结合在一起。一个决策的结果是由决策本身和决策的执行情况共同决定的。管理者与工人紧密合作的基础就是共担责任，通过科学的管理开拓市场，一起从企业运营的优化中得到更大的利益，二者休戚与共。

泰勒的科学管理思想得到广泛传播和应用，对 20 世纪初的美国制造业产生了很大影响，使其有了突飞猛进的发展。一百多年后的今天，工作规范、员工状况、团队协作、职责分工等方面的问题导致的管理问题仍然司空见惯。对照上述四条原则，判断你的企业的管理基础是否已经被夯实。

"人往高处走"——马斯洛的需求层次

1924—1932 年，美国行为科学家乔治·梅奥在美国西屋电气公司的霍桑工厂进行了一系列实验。1933 年，梅奥出版了《工业文明的人类问题》一书，提出了与古典管理理论不同的新观点，主要包括以下三个方面（见图 1-3）。

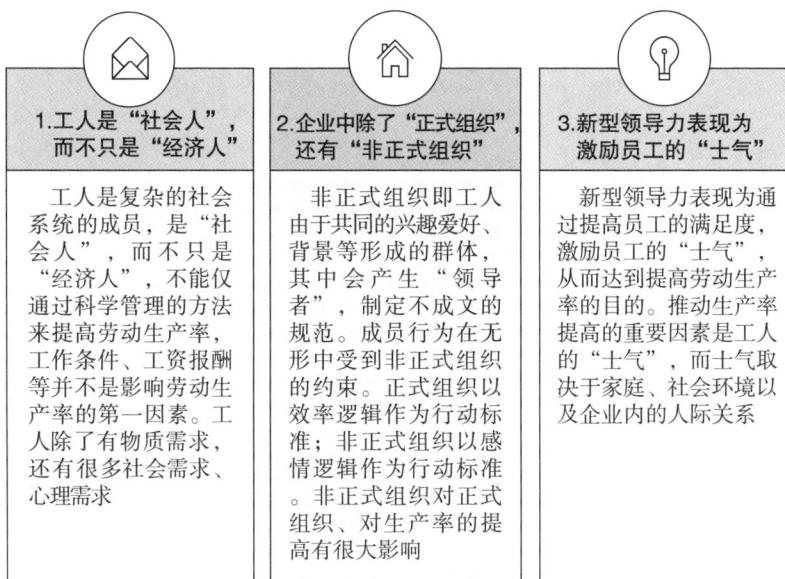

1.工人是"社会人"，而不只是"经济人"	2.企业中除了"正式组织"，还有"非正式组织"	3.新型领导力表现为激励员工的"士气"
工人是复杂的社会系统的成员，是"社会人"，而不只是"经济人"，不能仅通过科学管理的方法来提高劳动生产率，工作条件、工资报酬等并不是影响劳动生产率的第一因素。工人除了有物质需求，还有很多社会需求、心理需求	非正式组织即工人由于共同的兴趣爱好、背景等形成的群体，其中会产生"领导者"，制定不成文的规范。成员行为在无形中受到非正式组织的约束。正式组织以效率逻辑作为行动标准；非正式组织以感情逻辑作为行动标准。非正式组织对正式组织、对生产率的提高有很大影响	新型领导力表现为通过提高员工的满足度，激励员工的"士气"，从而达到提高劳动生产率的目的。推动生产率提高的重要因素是工人的"士气"，而士气取决于家庭、社会环境以及企业内的人际关系

图 1-3　梅奥通过霍桑实验提出的新观点

在霍桑实验的基础上，A. H. 马斯洛又进行了更深入的研究。他的激励理论强调两个基本论点：第一，人是有需求的动物，其需求取决于他已经得到什么，还缺什么，只有尚未满足的需求能够影响行为，已被满足的需求不能再起激励作用；第二，人的需求有层次之分，某层次的需求得到满足后，另一层次的需求才会出现。他将人的需求从下至上、由低到高划分为五个层次（见表1-2）。

表1-2 马斯洛的需求层次

需求层次	内涵
自我实现需要	寻求成长与发展、发挥自身潜能、实现个人理想的需要，如工作的挑战、荣誉、晋升机会等，是最高层次的需要。它主要体现为两点：一是胜任感，即希望工作带有挑战性，负有更多责任，取得好的业绩；二是成就感，即进行创造性活动并取得成功
尊重需要	尊重包括内部尊重与外部尊重，内部尊重指对自身重要性的感知，如自尊、自主和成就感等；外部尊重指来自他人的认可，如有地位、有威望、受人尊重、被信赖等。尊重需要得到满足，能使人对自己充满信心，对社会满腔热情
社交需要	对友谊、爱情、归属感及接纳感等方面的需要，即希望伙伴之间、同事之间保持友谊，希望自己爱别人也得到别人的爱，表现为群体归属感
安全需要	保护自己免受伤害和威胁的需要，包括，经济上的安全，如不患疾病、不受职业危害、不会失业等；心理上的安全，如避免遭受不公平的待遇；劳动上的安全，如不出事故，不患职业病；环境上的安全；等等
生理需要	对食物、水、住所及其他生理方面的需要。这类需要是使人生存的基本的需要。"对于一个处在极端饥饿状态的人来说，除了食物，他没有别的兴趣。在这种极端情况下，写诗的愿望、对一双新鞋的需要等，统统被忘记或退到第二位。"

马斯洛认为，个体的需要是逐层上升的，当一种需要得到满

足后，另一种更高层次的需要就会占据主导地位。层与层往往相互重叠，但有主次之分，只要这一层次的需要被满足，个体就会转向追求其他层次的需要。如果想激励某人，必须了解对此人而言目前处于主导地位的需要，然后着重满足这一层次或在此层次之上的需要。同时，只有尚未被满足的需要才具有激励个人的力量，假若其已被满足，则不再具有激励个人的力量。根据马斯洛的理论，只要能对员工需求层次进行分析和把握，企业就可以制定相应的激励策略来保持和提高企业的生产率。

在马斯洛之后，有学者围绕工作场所中的人的心理与行为做了广泛而深入的研究。1949 年，"行为科学"一词被首次提出，它本身并不是完全独立的学科，而是心理学、社会学、人类文化学等研究人类行为的各种学科相互结合后形成的综合性学科。行为科学以人的行为及其产生的原因为研究对象，从人的需要、动机、目的等心理因素的角度研究人的行为规律，特别是研究人与人之间的关系、个人与集体之间的关系，并借助这种规律性的认识来预测和管理人的行为，从而提高工作效率，达成组织的目标。

榜样的力量是无穷的——从管理的丛林到最佳管理实践

20 世纪 50 年代，世界经济进入快速发展阶段，科学技术不断发展，企业生产过程的自动化程度和水平不断提高，企业的规模进一步扩大，分工协作更是在世界范围内展开。在古典管理学派和早期行为学派的基础上，出现了许多新的管理理论和方法，形成了许多新的学术派别。管理学家哈罗德·孔茨将这些形形色色的管理理论定义为"管理理论丛林"。1961年，他将当时的管理理论丛林归纳为6个主要学派：管理过程学派、经验学派、人类行为学派、社会系统学派、决策理论学派和数学学派。将近20年后，他又一次总结了管理理论丛林，并归纳为11个学派：经验学派、人际关系学派、群体行为学派、社会协作系统学派、社会技术系统学派、系统理论学派、管理科学学派、决策理论学派、经理角色学派、管理过程学派及权变理论学派。

如今，随着环境与科技的飞速变化和发展，管理理论在更多元的同时，也更强调与管理实践密切结合。对最佳管理实践的研究在管理思想领域受到更多关注，对管理实践产生了较大而直接的影响。汤姆·彼得斯和罗伯特·沃特曼于1982年出版的《追求卓越》是最佳管理实践领域中具有划时代意义的著作。当时正处于机械时代向电子化时代发展的重要时期，他们关注大公司如何保持活力和创新能力这一问题，书中选择的43家优秀企业的营业额均高于10亿美元。在进行大量访谈和调研的基础上，二位作者总结出卓越企业的八大特质（见表1-3）。

表1-3 卓越企业的八大特质

卓越企业的特质	精髓部分
1 采取行动	通过行动摸索战略。卓越企业是行动导向的，但采取行动并不意味着蛮干，这些企业也会认真进行分析，但不会停止行动
2 接近顾客	最大限度地接近顾客。卓越企业会主动向顾客学习，充分了解他们的需要，基于此进行产品设计或改进。在向顾客学习的策略下，企业和顾客形成了一个良性循环。顾客不再简单地进行消费，而是更深入地融入企业
3 自主创新	鼓励每个人表现出创造性。卓越企业营造出轻松的组织氛围，激发员工的创造力，鼓励务实的冒险，对错误有着极大的包容心
4 以人促产	尊重个人。将人才视为不可或缺的、具有能动性的资产。从价值观层面重新进行锚定，在战略和战术层面真正做到"呵护"员工
5 价值驱动	唤起人们内在动力的是责任感和人们对自身价值的认识。卓越企业建立独特的价值体系并对其进行梳理和重构，从公司使命、愿景到价值观体系，以此让员工产生自豪感，积极朝着自己认同的价值体系发展。内在动力是创造奇迹的基础
6 不离本行	规避多元化经营带来的风险。除了少数企业，大部分卓越企业都坚持在其本行业不断精耕从而取得优秀的成绩。多元化经营中有巨大的隐含成本和不可控风险，过度快速扩张容易让卓越企业走向失败
7 人事精简	卓越企业的组织结构和管理系统都非常简单，一个产值几十亿美元的企业，负责经营的管理者通常都不到百人。扁平化的组织结构使信息能够更有效、更准确地传递，员工也能更清楚地执行指令
8 宽严并济	卓越企业兼具集权和分权的特色。在组织设计方面更多地采取"宽松"的分权，让员工享有极大的自由，让决策和执行的效率得到保障；在价值观、行为方式及关键财务指标方面非常严格，在某些领域高度集权

从某种意义上说，《追求卓越》一书中展现的原则成为后来各种关于最佳管理实践总结的基础。当然，在一家公司中十分成功的管理经验，另一家公司实施时可能会遇到新的问题。其中的某些案例企业由于种种原因不再卓越，但这并不影响它们曾经卓越。

◇◇◇◇ 回归基本

如何做好管理工作，是无数管理者关注的问题。随着组织所处环境不断变化，对相同问题采取的管理方法也会不同。管理时尚百年风云变幻，管理思想百年历经沧桑。对于组织中反复出现的千篇一律的问题，研究者和实践者都在积极结合具体的情景，找寻合适的管理方法。许多管理者把目光放在市场中那些头部企业的所谓经验上，对于其理念和方法几乎"痴迷"，全然不顾自己企业的具体情形。管理思想、管理理论、管理方法等已经构成一个独特的"市场"。从这个市场"采购"要格外谨慎，因为它不存在"无理由退货"，而且一旦使用，哪怕是试用，都会对企业产生巨大影响。从某种角度来说，这有点像一场"博弈"，虽然这个词是从对弈、战争等带有竞赛、对抗和决策性质的事件中借用的术语，听上去有点深奥，但实际上它在企业管理中却有不可回避的重要现实意义。

　　企业在管理时尚面前踌躇、徘徊，就像在经历一场博弈。企业日常的经营或管理活动，更犹如一场棋局，充满博弈的色彩：在一定条件下，遵守一定的规则，一个或几个拥有绝对理性思维的企业管理者或团队，选择并实施各自能够选择的行为或策略，并从中取得相应结果或收益。一个完整的博弈应当包括下列内容：一是博弈的参加者，即博弈过程中独立决策、独立承担后果的个人和组织；二是博弈信息，即参加者掌握的对选择策略有帮助的资料；三是参加者可选择的全部行为或策略；四是博弈的次序，即参加者做出策略选择的先后；五是参加者的收益，即各方做出决策选择后的得失。其中参加者、策略（行动）和收益（结果）是博弈最基本的要素或规则。所有的博弈问题都会涉及这三个要素。这又何尝不是管理者在经营或管理企业的过程中日常所面对的？企业管理者根据不断变化的内外部信息，带领团队做出决策并追求企业的最优效益。

　　展望未来，情景还会不断变化，想在一定会发生的变化中游刃有余，需要回归最基本的原则和规范。管理学研究已经总结出一些基本原则，它们保障着企业的效益。或许一些新的理念能让人兴奋，或许企业也可以通过新的管理工具吸引很多眼球，但企业存在的目的，是收获踏踏实实的效益。管理学研究的基本目的就是找寻更基本的原则并加以运用，从而使企业的投入产出比更高。

管理由一些相互关联的活动组成，管理职能则是管理过程中各项活动应该负担和完成的基本任务。如今，人们以不同标准对管理职能具体进行分类。20 世纪初，著名的管理思想家法约尔在《工业管理与一般管理》一书中明确指出，所有管理者都要行使五项管理职能：计划、组织、指挥、协调和控制。也有学者认为管理职能应当分为：计划、组织、人事、指挥、协调、报告、预算等七项，更强调人的因素的重要性。**本书认为，管理包括五项职能，即计划、组织、控制、领导和人员配备**（见图 1-4）。把握了管理的五项基本职能，也就掌握了企业管理的核心要素。

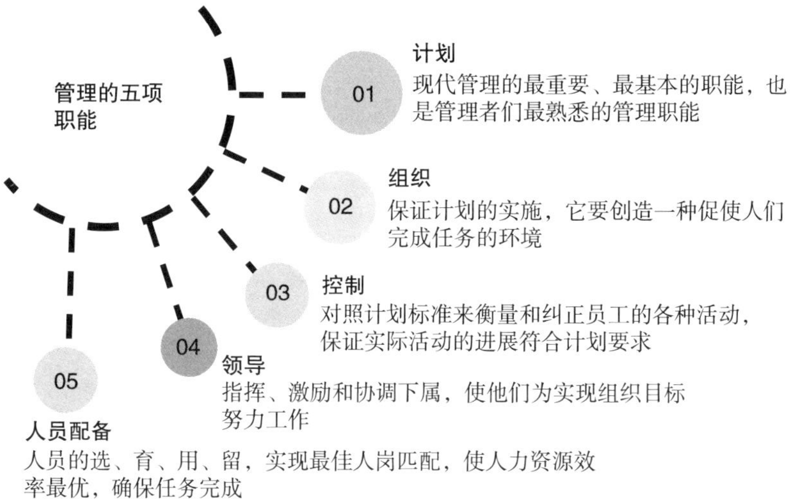

管理的五项职能

计划
01
现代管理的最重要、最基本的职能，也是管理者们最熟悉的管理职能

组织
02
保证计划的实施，它要创造一种促使人们完成任务的环境

控制
03
对照计划标准来衡量和纠正员工的各种活动，保证实际活动的进展符合计划要求

领导
04
指挥、激励和协调下属，使他们为实现组织目标努力工作

人员配备
05
人员的选、育、用、留，实现最佳人岗匹配，使人力资源效率最优，确保任务完成

图 1-4　管理的五项基本职能

计划

计划就是对组织所拥有的以及可能拥有的资源进行最佳匹配。无论哪位学者提出哪种分类方法，都会把计划职能当作管理的首要职能。不只是每年，每月、每周，管理者都要通过计划职能协调团队、部门以及整个企业的活动。制订计划的最重要价值在于聚焦整个组织的注意力。企业根据自身能力，理性分析外部市场中的机会和威胁，确定在下一个计划周期应该做些什么，这同时也意味着企业要放弃做一些事情。

组织

组织职能即经过策划建立一种正式的角色分配结构体系，使人们通过履行自己的职责实现系统调配，顺利实现计划所设定的目标。组织职能的具体内容是：设计组织结构；划分管理层次，设置职能机构；按业务性质确定各部门的职责范围，并按所负责任给予各部门、各管理人员相应的权利；明确上下级之间的领导关系和相互间的协作关系；建立信息沟通渠道；实行合理的奖惩制度；等等。

时代不断发展，组织职能也需要与时俱进。科技的发展，尤其是互联网沟通技术及数字化管理的普及，会对未来的组织形态产生影响。在组织构造方面，以互联网为中心的信息与通信技术给组织带来了巨大影响，组织的沟通交流成本急速下降。现在，使用邮件就能让远在千里之外的下属瞬间掌握事情的具体情况，微信群、视频会议让管理者足不出户就能掌握项目的最新进展，管理者能对团队进行日程管理，只要将文件上传至服务器，所有人都可以实时阅览。因此，组织设计与管理方法也发生了巨大变化。在互联网的支持下，沟通方式的改变使组织更扁平化。自由工作者能在全球范围内进行协作，这使"游牧上班族"（nomad worker）一词成为关键词，使新的组织形态产生。更重要的是，组织和组织之间的关系也因科技的发展而重塑。毫无疑问，企业之间的边界将进一步被弱化甚至被打破，企业上下游、企业与企业之间，都需要以更有效的姿态协同进化，持续发展。

控制

2020 年春节期间，盒马鲜生非但没有受到新冠肺炎疫情的冲击，用户数和会员数反而都有所增长。这主要因为盒马鲜生在三个方面采取的策略：一是推出"不打烊，不涨价"的服务，每天按门店所需，积极从大仓多次调货，保障消费者可以买到新鲜蔬果；二是推出"无接触配送"服务，提示用户下单后可以与配送员通过电话沟通，减少面对面接触；三是所有门店配置消毒洗手液，定时进行消毒，并提供一次性口罩，保障在无法提供线上配送服务时，消费者可以放心到线下门店购买。

控制职能按照目标和计划评判工作人员的实际表现，发现目标与实际的偏差后深入分析出现偏差的原因，并采取必要的措施对其行为加以强化或改正，从而确保工作能更有效地展开。

控制职能和计划职能密不可分。计划是控制的前提，为控制提供目标和标准；控制是实现计划的手段，没有控制，计划无论多么完美都无法有效地落地。想进行有效控制，需要提高预见性。这要求管理者不仅要在偏差出现后及时觉察并采取有效措施进行纠正，而且要尽量在重大偏差出现前，预见问题的发生并及时采取措施，把问题消灭在萌芽阶段，最大限度地降低损失。

领导

没有领导职能，其他所有管理职能都将难以履行。领导职能的本质就是基于领导者与被领导者的相互作用，使组织的活动协调一致，并有效地实现组织目标。1953 年，夏尔巴人旦增跟随约翰·亨特率领的英国登山队开始了他的第七次珠穆朗玛峰探险。亨特负责挑选登山队员及带领队伍，他描绘愿景，在队员分工上做出关键决定。旦增负责组织和领导挑夫并激励他们搭建营地、提供补给。有登山队轮流开路，扫清通往山巅的障碍，旦增最终才能登上珠峰。每次出现特殊挑战时，就会有一位领导者带领队伍迎头向前。同时，所有人通力合作，各司其职。团队面对不同挑战时，需要强有力的领导者来应对。

组织中的领导者可依据权力、责任的大小不同，分为高、中、低三个层次，不论处于哪一层次的领导者，都需要具有优良的品质和高超的领导艺术，这样的领导者才能带领组织成员有效实现组织目标。领导是一个系统，是领导者与被领导者在一个环境下，为了实现目标而发生的影响关系。若想保障领导效能，必须全面考虑领导系统中的各个要素。在今天的领导环境下，只强调领导者恐怕很难实现预期的领导职能。

人员配备

人员配备状况在很大程度上影响任务的执行效果。人员配备的基本步骤大致有：制订用人计划，这个计划通常属于管理者通过计划职能做出的计划的一部分；确定从何处得到人员，是通过外部招聘还是从内部提拔；对完成工作需要的技能和申请人的基本情况进行匹配；确定人选并进行必要的上岗培训，以确保其适合组织和工作需要；进行动态调整，若无法保障人员配备一步到位，可以根据用人单位的反馈以及工作承担者自己的意见进行人员调整，从而实现最佳的人岗匹配。

帮助企业找到与顾客、合作伙伴共生的方式，尤其是与员工共生的方式，是现代人力资源管理的应有之义。携程从2021年8月开始进行"2021混合办公试验"，参与试验的员工由客服岗位的员工扩展至技术、产品、业务、市场营销和职能岗位的员工，超过1600名员工参加。进行该试验后，员工对企业的支持率和满意度明显提升。2022年3月，携程正式推行了"3+2"混合办公制度，允许员工每周三、周五在家办公，这一制度无差别覆盖携程约3万名员工，并且不因此做薪资调整。携程集团董事会主席梁建章表示，设立混合办公制度既是疫情防控所需，也缓解了员工平衡工作与家庭的压力，是企业、员工和社会的多赢。

将管理细分成若干职能，并不意味着这些管理活动是各自独立的。尽管每个职能都各有侧重，但是它们在内容上相互交叉、密切相关，共同构成了基础管理。当然，我们也不能用看待流程的思路来看待这些职能，职能之间没有严格的先后顺序，它们是完成一项管理任务时需要考虑的基本要素。

在管理实践中，组织常常按照具体任务划分职责，比如通常说的财务、人力资源、信息管理、市场营销、会计、金融等，大多数企业的组织结构也按照具体任务来设计，如今很多商学院的系科设置方式也是如此。如果用横纵划分能力，那么部门需要的能力是纵向的，而管理职能需要的能力就是横向的。纵向能力与专业密切相关，相应管理人员不一定要具备跨专业能力。例如，财务管理人员不一定要具备信息管理、营销管理方面的能力。但横向能力是每个管理者都必须掌握的通用能力，这就体现了特别强调的管理职能的普适性和贯通性。不管自己的企业规模大小、处于哪个行业或者哪个发展层次，企业管理者都必须认真思考和履行管理职能，这样才能更有效地完成管理任务。

小结

　　一局终了，或许经过无数的风险博弈、披荆斩棘、艰难搏击，你才发现不能舍本逐末。什么是本，本就是管理的底层逻辑；什么是末，末就是各种管理手段。如果对本没有认真的思考，没有夯实管理的基础，一味追求管理手段的时尚化、新鲜化，那么企业这一大厦就仿佛建立在没有地基的沙滩上。正所谓"咬定青山不放松，立根原在破岩中；千磨万击还坚劲，任尔东西南北风"。踏踏实实做好基础管理工作，切实提升对管理职能的理解并建立相应的能力体系，才能保障企业根基牢靠、顺利发展。

第二章　成功是可以计划的

如今，在快速变化迭代的环境中，貌似"一板一眼"的"计划"还有存在的价值吗？计划赶不上变化怎么办？在与现实中的管理实践碰撞博弈的过程中，计划总被打乱怎么办？计划是管理职能中一个最基本的职能，但或许你并不真正了解它的基本逻辑和基本规律。

◇◇◇◇ 手把手教你做计划

2001 年，笔者曾经在美国硅谷的一个高校进行短暂的访学，讲授"人力资源开发"这门课程，课堂里有 5 个美国学生。9 月 11 日上午的授课主题就是人力资源计划，当时，美国东部刚刚发生突发事件，一些人因此去世，课堂的氛围很低沉。有学生问："老师，今天的课要讲计划，但我们需要做计划吗？你做了一个很好的计划，但突发事件打乱了计划。人都不在了，这个计划还有什么意义呢？"你不知道明天和意外哪个先到，我无法回答这个问题。后来，在和很多从事企业管理工作的朋友对战略发展、经营管理等话题进行交流时，我常常能感受到大家对计划的轻视。一些高管朋友经常说："唯一不变的就是变化。"那我们为什么还要做计划呢？

在一项研究中，美国学者豪斯调查了 92 家企业，其中 17 家企业有正式的长期计划，其他企业有的仅有非正式的长期计划，有的完全没有长期计划。研究者通过销售额、股票价格、股票收益等指标来评价企业的表现，发现有正式长期计划的企业的表现几乎都优于没有正式长期计划的企业。计划是最基本的管理职能，是事先对未来应采取的行动所做的规划和安排。好的计划是成功的一半。虽然成功者总说自己"运气好"，但企业的成功经营或持续成长，都是精心计划而来的。在复杂多变的市场环境下，企业的日常管理经常会出现这样或那样的问题，遇到突发情况或极端事件时，一套全面的、带有应急预案和具体实施步骤的计划方案，或许将成为让企业活下来的救命稻草。在关键时刻，充分且必要的计划管理绝对能让企业有所缓冲或扭转局势！

先让我们从不同角度认识计划（见表2-1）。

在现实的管理实践中，一项计划通常是多种计划分类的交集。那么，计划工作到底要解决什么问题？计划工作的内容一般概括为七个方面，被称为"5W2H"。

表 2-1 计划的分类

按组织层次	按时间长短	按对象范围	按明确程度
高层计划： 战略计划，负责确定组织的整体目标、战略和布局，起着统领全局的作用，它关注组织在环境中的定位，确定组织与外部环境的适应关系	长期计划： 长远规划，一般是指为期 5 ~ 10 年甚至更久的规划，它是关于组织发展方向、战略目标、实现战略目标的重大技术、投资等的规划，它以更广阔的背景思考组织的生存和发展，关注组织的长期生存和发展问题	综合计划： 特点是内容广、目标多，目的是促进组织协调发展，如企业的经营计划、年度计划等	指导性计划： 只规定一些重大方针和重点方向，不把管理者限定在具体的目标或特定的行动方案上
中层计划： 业务计划，起承上启下的作用。业务管理部门以战略计划为依据，确定组织内部各个组成部分的定位和相互关系，组织中的部门计划就是中层计划，如人力资源计划、研发计划、财务计划等	中期计划： 一般是指为期 1 ~ 5 年的战略计划，它是对企业长期规划的分阶段解读和安排。如果说长期计划是方向，那么中期计划就是明确的路径	单项计划： 专题计划，它是为完成某一特定任务而拟定的计划，如产品销售计划、招聘计划等	具体性计划： 明确规定了目标，要求必须具有明确的可衡量的目标以及一套可操作的行动方案
基层计划： 作业计划，它是指各执行单位以业务计划规定的指标、程序、任务为依据，着眼于每个岗位、每个人员在特定时间内的工作安排和协调	短期计划： 一般是指 1 年内的工作计划，它将组织的中长期计划具体到 1 年的时间表内进行具体安排。相较于前两种计划，短期计划在执行过程中可灵活选择的范围较小，其最基本、最重要的要求是有效执行	—	—

第二章 成功是可以计划的

5W2H——抓住计划的主要内容

做什么（what to do）：明确组织的具体任务、要求以及目标的优先顺序，让整个组织都把注意力集中到经过审慎思考的工作任务上。更重要的是，这也明确了"不做什么"，形成一种底线和约束。注意，在明确任务的同时，还要明确各项任务目标的优先顺序、轻重缓急。

为什么做（why to do）：让计划工作与组织发展之间形成理性的联系。思想一致，行为才会一致。组织成员只有理解了计划，才能更好地接受和执行计划。

何时做（when to do）：详细规定计划中各项工作何时开始及其进度，以便进行有效的控制和平衡，为未来的控制提供更有力的切入点。时间观念在企业层面体现为企业商誉，在管理层面体现为规范，在个人层面体现为职业信誉。

何地做（where to do）：明确地点或场所，以便大家了解实施计划的环境条件和限制，合理进行空间组织和布局。

谁去做（who to do）：计划应落实到具体的部门和个人。例如，公司准备发展线上业务。那么在计划中就要明确这项业务具体由哪个部门负责，由哪些部门提供支持，等等。同时，还需要从组织上和制度上给予必要的权力保障，以便任务能有效执行。

怎么做（how to do）：制订落实计划的具体措施以及相应的规定，包括根据目标对资源进行合理分配，整合和协调各部门的行动一致性。尤其是对新业务或经验不足的任务而言，计划也有着路径图的含义。在怎么做方面，其详略要根据任务的具体情形判断，如果是例行任务，就可以非常详细，例如每年都举办的经销商大会；如果是探索性任务，就要相对粗略一些，给予行动者更多的自主权，例如开拓陌生的海外市场。

需要多少成本（how much to do）：成本是对整体预算的分解，其作用是提醒和强化各级管理者的经营意识。虽然很多互联网公司在发展初期都将增加终端用户作为主要目标，但这绝不意味着要忽略成本。毕竟企业是要讲求效益的。

计划会提前明确未来要发生的事情的关键要素，它将一幅可能的图景预先展示给组织成员。只要管理者运筹帷幄得足够认真、仔细，就更能决胜千里。

流程——遵循计划的编制程序

如何制订一份计划呢？计划的基本程序大致如表 2-2 所示。

表2-2 计划的基本程序

计划编制流程	关键点	可使用的工具、方法或需要注意的风险
第一步：搜集信息	编制计划前要充分搜集组织外部和内部的信息；只有在掌握一定信息的基础上，管理者才能有针对性地进行计划安排	运用PEST模型，一方面，梳理外部信息：政治的、经济的、社会的及技术的信息，包括政府发布的相关方针、政策、法令和计划等，国内外总体经济发展状况、特定行业发展状况等，社会趋势、潮流、人口动态等，国内外相关科学技术发展状况等；另一方面，梳理内部信息：人力资源现状、企业市场占有率、产品研发情况、财务情况等
第二步：预测并确定目标	管理者对企业未来的发展进行预测与判断——这集合了科学、理性的分析以及管理者个人的经营智慧；确定目标时必须实事求是地结合组织的具体状况	在对信息进行分析的基础上，预测未来并具体确定下一个计划期间组织的整体目标及各个部分的分支目标。目标不仅决定着组织的努力方向，也决定着资源的配置效率
第三步：提出备选方案	最显眼的、最熟悉的方案不一定是最佳的方案，要根据情况的变化跳出既有的思维模式，创新出可能有用的方案	通过初步考察，在备选方案中筛选出最有希望成功的几个方案，然后按约束条件和预期目标权衡各种因素，对各种方案初步进行评价与比较
第四步：评估并明确方案	认真考察每个方案的制约因素和其中可能存在的风险；站在组织整体效益的角度衡量方案的可行性；既要考虑每个计划的有形、可以用数量表示的因素，又要考虑无形的、不能用数量表示的因素；既要考虑执行计划带来的利益，还要考虑执行计划带来的损失，特别注意有哪些潜在的、间接的损失	评估的结果直接决定了在计划中将采取哪一行动。将最优的或最满意的方案作为执行方案，次优的方案留作备用方案，一旦限制条件发生变化，可以重新评估应用

计划编制流程	关 键 点	可使用的工具、方法或需要注意的风险
第五步：确定预算	通过比较成本与收益，衡量计划的价值，确定合理的预算水平	管理者从财务角度，将计划中的未来活动数字化和具体化，这一步常会暴露理想和现实的矛盾问题，要做好修改计划和调整目标的准备
第六步：编制并下达执行计划的指令	加强领导，采取切实可行的组织保障，将计划任务下达至具体的部门和人员，通过各种规章制度和流程推进各项任务的完成	经常将执行情况同预期目标进行对比，找出差异，分析原因，采取措施，纠正偏差，以保证目标落实到位

计划是管理的首要职能，认真将计划职能履行到位，为有效管理奠定了扎实基础。按计划流程认真地回答相关问题，企业未来的工作就有了基本的蓝图。

这样做，计划错不了——掌握计划的核心要义

第一，也是做计划的关键——找出策略的差距。20世纪90年代，A国儿童用品打算全面进入B国市场。当时A国儿童用品在B国根本没有影响力和市场优势，而其理想目标是在B国市场成为排名前10的企业，差距是从"0"到"10"。他们的选择是以拍

摄动画片为契机，随着一部部动画片的放映，相关的故事和品牌深入了 B 国儿童的心。3 年后，B 国儿童用品市场前 10 位中有 8 位是 A 国企业。可见，找到缩小差距的策略点，围绕这个策略点提供资源、开展行动，计划中的目标就会清晰可达。

第二，切实激励。企业可以在签订目标责任书的同时，明确激励措施和目标责任人，让员工清楚达成目标后可以获得的奖励。这样的激励措施就会在很大程度上影响员工对计划的承诺度和完成度。

第三，关注效果。要追问计划的根本目的及落脚点，时刻关注业绩及计划最终的执行效果。比如，"日本航空再生重建计划"的主要内容如下：实现飞机机种数量的减少、机材的合理化；实现航线网的合理化；将经营资源向航空运输事业集中；构建灵活性较强的组织和经营管理体制；机场体制的大幅缩小（机场成本结构改革）；人员削减、人事工资福利制度的修订；各种成本的压缩……日本航空公司（JAL）以切实执行再生重建计划为目标，将工作的重心放到了削减经费上。长期以来，日本航空公司的预算都制定得非常细致。稻盛和夫先生却提出："'预算'这个词不好。经费的预算一般都会被按照预定花得干干净净，而销售额和利润却很难达成。我们找别的词来换掉'预算'这个词吧。"于是他们开始用"计划"一词替代"预算"，同时规定：如果经营业绩和结果不理想，经费也不能全部被用光。各个部门经理在业绩报告会上，要针对各自的年度计划和当月的实际完成情况，逐项详细解释两者之间产生差额的原因。这一系列变化让全公司的员工都认识到一点：公司的思考方式变化了。关注业务，关注效果，关注绩效。

◇◇◇◇ 做什么，不做什么

计划的一项重要任务是：清晰地界定做什么，不做什么。这对于面对种种机会的企业来说就意味着取舍。在现实中，取舍对企业而言仍然是最大的挑战之一，十分挑战管理者与现实、与自身、与内外部各种因素博弈的能力。

扔掉绳索学习滑雪——在目标与能力之间博弈

一些管理者经常会不自觉地陷入一种博弈：到底是"没有金刚钻，别揽瓷器活"，还是"心有多大，天地就有多宽广"？前者是根据自身情况决定未来的发展；后者是锚定未来，然后倒逼自己成长。前者稳健些，但或许意味着丧失了一些难得的机会；后者风险更大些，但也许能让组织的潜力得到更大程度的释放。

这又形成一对博弈关系——目标和能力。陷入这一窘境时该怎么做？

基于现有能力来确定目标是没有错的。我们应该做什么事，要看我们能够做什么事或做过什么事。例如，如果我们善于登山，那可以把周边的山都登一遍，之后还可以顺理成章地挑战更高的山。通过不断实现目标，我们的组织能力也能得到巩固和强化。如果能有意识地不断复盘，不断获得提升，组织可以专注于某一领域，积累丰厚的知识和经验。

根据目标确定应该着力培养的能力也是没有错的。如果要挑战珠穆朗玛峰，那么除了要使用专业设备，还要打造专业攀登者所应具有的心理素质和身体素质。企业也一样，在准备进入一个存在机会但完全陌生的领域时，首先要分析想在这个赛道驰骋所应具备的基本能力以及能在这个赛道胜出所应具备的卓越能力，并且必须通过学习来丰富和提升各项能力。

在这里，"学习"只是一个动作，而只有基于目标进行的学习才可能让目标得以实现。在计划执行过程中，目标还会有所调整，组织需要相应地进行能力调整。准备好登山需要的设备非常重要，但如果我们发现更好的方法是滑雪，那我们需要做的事情就是扔掉设备，学习如何滑雪。

可见，制订计划时，要想对未来进行取舍，其中的一个关键点在于企业是否愿意对此进行学习并付出代价。如果学习只停留在口头，我们仍然保持一种"赢者通吃"的心态，认为凭借曾经的成功，即使在不熟悉的赛道也能轻易成功，企业恐怕就要付出惨痛的代价。动态学习能够促使目标和能力产生正向循环，也能够让组织在取舍方面更从容。

熟悉放鸡蛋的篮子——取舍考验智慧

由于资源、时间、注意力等都是有限的，企业不可能什么都做，于是就出现了博弈和取舍。很多时候，企业的高层管理者们凭借对市场的敏锐嗅觉，非常容易跟随市场机会发展下去，企业甚至会匪夷所思地更多样化。为了让一切合理，人们想到"不要把鸡蛋放进同一个篮子"。这句话是詹姆斯·托宾说的，他的本意是要分散风险。不过，很多人都忘了后半句："也不要放在太多的篮子里。"这是不是成了一句废话？回到现实，企业的计划工作在本质上只要回答一个问题：企业未来要做些什么？企业可能会做的事情有很多，那么如何平衡外部市场中的机会和风险呢？

想落实"不要把鸡蛋放进同一个篮子"这句话，其实有两个前提条件。一是你有很多鸡蛋。你拥有相当数量的资产，才存在多元化投资的可能。有些人可能本身没有几个鸡蛋，也可能只有一个鹌鹑蛋，但是他们认为自己有很多鸡蛋，这就意味着他们只会将这个鹌鹑蛋切得很碎，好让每个篮子里都有点蛋。二是特别注意篮子是有缝隙的，是会漏水的。你对篮子的熟悉程度与篮子缝隙的大小呈负相关。你越熟悉它、管控得越严谨，篮子的缝隙就越小；反之篮子的缝隙就越大。如果把鸡蛋，或者说把切得很碎的鹌鹑蛋放入一个缝隙很大的篮子，过段时间你就找不到它了，这大概就是所谓的资产流失。

钢铁大王卡内基说："可以把所有鸡蛋放到一个篮子里，但是一定要看好这只篮子。"这句话称得上是对计划工作最明确的注脚之一。一旦进行取舍，计划就产生了约束作用，会让我们把该做好的事做好。相反，以随波逐流的心态跟着市场上的热点走，什么事情都想参与，企业早晚会失控。

计划就是取舍，但做出取舍其实非常不容易，常常十分考验管理者的智慧。而取舍背后，其实是对能力和目标的权衡，这不仅需要管理者根据情形具体权衡，而且需要他们以此建立组织、刻意学习。不管怎样，是否能持续发展才是取舍的根本标准。

关注蝉的翅膀，别贪图沿路风景

有一次，一位老人在树林中用杆子粘蝉。这非常不容易，但老人做起来就好像从地上捡拾蝉一样轻松。当被问到有什么窍门时，老人说："关键在于，一心只注意蝉的翅膀，从不思前想后、左顾右盼，不因纷繁的万物改变对蝉翼的注意。"今天的企业处于一个由高速发展带来高度不确定性的环境中，必然要面对更大的风浪，也将经受更多的跌宕起伏。这时，计划工作更应被放在优先的位置，而不是相反的，放在靠后的位置。尽管很多因素和突发事件都会干扰制订好的计划，但如果没有计划，企业将更被动地应对变化，这不仅对应对变化没有好处，而且是危险的。

执行计划像经历一场漫长的旅行。在这个过程中，管理者的注意力经常被路上的风景和突然发生的情况所分散。市场中有些信号是相当具有诱惑力的，有时会让管理者的注意力发生偏离。如果制定的目标是理性的，那么坚持才是实现目标的最重要的条件。正所谓"将军赶路不追小兔"，不要分散注意力。当然，计划根据环境变化产生一些变化也是非常正常的。如果市场中出现的新情况能被加以利用并且有助于目标的达成，这显然就是机会；如果市场中出现的新情况只是分散了我们的注意力，让我们偏离甚至彻底放弃了原先的目标，这通常就是诱惑。

注意力经济时代对管理者提出了更高的要求，企业管理者不仅要保障之前制订的计划被高度聚焦地执行，还必须关注其所处领域及相关领域的动态。比如，过去如果你是服装制造商，你只需要关注服装制造行业的变化，但如今你需要将注意力分散到布料、潮流、明星、口碑等方面。关键是，在将注意力更大范围地分散的同时还要能收回来，这可不是一般的挑战。从这个角度来看，计划就更重要了，因为它不仅让企业管理者做了取舍，而且为动态取舍提供了依据。

◇◇◇◇ 不怕计划赶不上变化

"计划赶不上变化"为很多人所熟知，相当多的管理者在经营中也确实把这句话奉为圭臬。其直接后果就是对计划工作的漠视。那么，计划真的赶不上变化吗，又或者说，计划怎么才能赶上变化呢？

"依计而行"，运筹帷幄

计划之所以赶不上变化，很大程度上是因为管理者没有真正重视计划。一方面，管理者必须认真对待计划工作。很多计划没有对环境可能出现的变化进行合理的预期并积极筹划。所谓变化，就是与预期的差异。如果在做计划时，对各种可能出现的情形进行充分准备，让变化都在计划的范围内，也就不存在追赶变化这件事了。另一方面，如果计划工作本身就是一个形式，只得到了一个不合格的计划，却用它否定计划管理本身，这也是不妥当的。

计划是对未来的设想，计划者必须拥有充足的知识、能力和经验勾勒未来可能发生的事情，充分考虑可能存在的变化，然后预先做出决策。所谓"依计而行"主要在于能对未来可能出现的变化预先进行准备。在企业的经营和管理过程中，管理者纵然不能未卜先知，也应该可以在日常提升自我和面对变化时，有意识地多进行一些知识、技能、经验等各个方面的积累。

一块橡皮——计划、擦掉、修改

2005 年，北京大学光华管理学院与松下（中国）集团公司签订了人才培养合作计划。授课教师们应邀前往位于日本的松下总部访问。作为著名的日本企业，松下集团非常讲求工作计划的制订。这次访问中，让大家印象最深的是松下集团严谨的接待：各项活动的衔接时间以分钟为单位，中间没有什么差错。在和松下集团的高管交流时，笔者就带着先前的疑惑请教：随着经济飞速发展，管理者挂在嘴上的一句话就是"计划赶不上变化"，情况总在变，还能做计划吗？

对方的高管笑着回答："日本也经历了中国当下正在经历的迅

猛发展。那时的日本是这个世界上使用橡皮最多的国家。很简单，计划变了，就把过去的计划擦掉，重新修改计划。有时，各个部门根据变化的客户要求联合修订计划到凌晨 3 点，第二天早上 8 点来上班，按照计划来！总之，有变化也要做计划。随机应变和按计划工作并不矛盾。个体在工作时要有一定的随机应变能力，但从整个组织的角度来说，如果没有一个严格的计划和总的行动指南，必然如同一盘散沙。"

当然，今天人们不再那么经常地使用橡皮。但听到这样的回答，想必大家对"计划赶不上变化"这句话有了新的认识。抽象理解，就是要根据情况修改计划。如果再有人说计划赶不上变化，那你可以告诉他：好好计划吧，你只是还需要一块橡皮，擦掉计划，修改计划。

计划在执行过程中是一定要修改的，再周密的考虑、再充分的准备、再合理的想象，也不可能将未来可能发生的事全都构思清楚。所以，一方面，计划本身就要包含一定的余地，就像很多计划都会设计备用计划；另一方面，在计划的执行过程中要设置关键的调整时间点。

对于年度计划，每个季度、每两个月或每个月做一些调整是必然的，而且也是合理的。这里简单分享一下滚动计划法，它是一种定期修订未来计划的方法。这种方法根据计划的执行情况和环境变化情况，定期修订曾经制订的计划，并以一定的时间长度向前推移，从而使短期计划、中长期计划能有机结合。计划时很难准确预测影响组织生存和发展的重大经济、政治、文化、技术、市场等要素的变化，因此，计划的周期越长，其不确定性就越大。通过滚动计划，计划的周期相对得到缩短，其不确定性也可以大幅降低，进而计划可以更合理、有效地落地。滚动计划法可以大大提高计划的弹性与组织的应变能力。

另外，企业可以缩短滚动的周期。例如，通常企业在安排滚动计划时，用周期为 1 年的短期计划来推进周期为 5 年的中期计划，2021 年的计划完成后，将本来制订的 2021—2025 年计划滚动修改为 2022—2026 年计划。如果企业处在更加不确定的环境中，可以在执行短期计划的一年内设置若干时间点来推动短期计划本身的滚动，这将为中期计划的再修订提供更扎实的依据。需要强调的是，在修改计划前，要严肃地对待计划，不折不扣地将它执行到位。

万变不离其宗——沉着应变、灵活计划

对于发生的变化不必过分解读，管理者在变化面前需要保持沉着的状态。即使内外环境中出现了一些变化，只要沉着分析，

认真对待，并积极回应，就能赶上变化。这可能要付出一定努力，变化会让人措手不及，但管理者不能自乱阵脚。沉着不是保守，它要求管理者基于一定原则，在缜密分析和认真构思后坚定地行动。管理者的稳定心态源于对变化本身的认识。

正所谓"万变不离其宗"，管理者要在变局中找到"宗"这一关键因素。过于敏感地对待变化不仅会让心态变得浮躁，也常常会让人缺乏充足的理性，并由此产生草率的行为。例如，今天人们在讨论针对千禧一代的管理问题时，就表现出过分放大差异性的问题，好像认为这些员工与之前的员工完全不同，对员工的管理似乎要推翻重来。的确，一方面，千禧一代表现出不同的特质，但另一方面，他们也表现出更多的相同点，而这些相同点更是不应该被忽略的。在变化方面，只要坚持基本的原则，并且在执行时做一些必要的调整即可，不要过于危言耸听，动摇整个计划工作的价值。

◇◇◇◇ 如何让预测更准确

计划工作的关键环节之一是预测，或者说是尽可能准确地预测。换句话说，就是要对计划中的未来时间段可能出现的状况进行估计并做出判断，在此基础上形成具体的战略行动方案。有了预测，企业就更有可能获得优势。

预测需要两个动作：搜集信息和做出判断。搜集信息这一动作的完成程度将决定判断的质量，即决定预测是否准确。人们经常说"吃垃圾，只会吐垃圾"（garbage in，garbage out），如果能充分掌握未来的信息，制订战略方案就会容易得多。如今的很多大数据技术，本质上都致力于运用充分的数据帮助企业更精准地进行预测并加以判断、进行决策。从某种角度来看，战略方案的制订只是水到渠成的事。

我们通常搜集两类信息：外部环境信息和组织自身信息。下面来看看如何搜集信息。

知彼：在不确定中做出最优选择

要先分析对外部环境信息的把握情况。商学院的教材在战略
分析一节、在搜集外部信息方面，常常会讨论所谓的 PEST 模型，
以此告诉管理者可以考虑从政治、经济、社会、技术等角度来搜
集信息。尽管模型提供的逻辑条分缕析，但问题是，企业真的能
够得到反映未来的外部环境信息吗？

如果用一个词来描述如今企业面对的外部环境，恐怕没有什
么比"不确定"更贴切了。人们将环境属性浓缩定义为易变性、
不确定性、复杂性和模糊性。在外部环境不确定性研究方面，最
有影响力和代表性的是罗伯特·邓肯（Robert Duncan），现在人
们还在他在 1972 年所设计的框架模型内进行研究。邓肯提供了两
个描绘环境不确定性的维度：复杂程度和变化程度。前者关乎组
织在进行决策时需要考虑的要素的数量，考虑的要素越多，其面
对的环境的复杂程度就越深。后者关乎组织所处的外部环境发生
改变的频繁程度，如果外部环境经常变化，就表明其变化程度深，
环境不稳定（见图 2-1）。

	低一中程度不确定性	高不确定性
复杂	• 大量外部环境要素，而且要素不相似 • 要素维持不变或缓慢变化	• 大量外部环境要素，而且要素不相似 • 要素常常变化且不可预测
简单	低不确定性 • 少量外部环境要素，而且要素相似 • 要素维持不变或缓慢变化	高一中程度不确定性 • 少量外部环境要素，而且要素相似 • 要素常常变化且不可预测

环境复杂程度

稳定（静态）　　　　　　不稳定（动态）

环境变化程度

图 2-1　环境不确定性模型

模型的设计初衷是通过环境的两个维度，帮助企业分析和应对存在的不确定性。邓肯没有直接将环境置于完全不可知的境地，而是让企业能够冷静地看待自身，这难能可贵。随着经济全球化、一体化向纵深发展，越来越多的企业的外部环境都呈现高不确定性。

认知环境的手段也是非常有限的。例如，明清时的晋商已经开始在全国范围内做生意了。那时对下属的指挥显然不像如今这么及时，也只能每年看一次财务报表，对于那些掌柜的行为更是无从知晓。按如今的标准来看，就是处于具有高度不确定性的环境中。与现在相比，过去是更具有不确定性的。

此外，对于不确定性，还存在一个常常被忽略的悖论：当我们具备了更多的技术和能力时，我们所面对的外部环境的不确定性反而是增加的。提升认识水平的目的是有更多选择，但这同时也意味着增加了不确定性，只是人们以为自己通过理性能找到最优选择而已。

曾经，人们因技术重燃寻找最优选择的热情。但近几年发生的种种事情让我们不得不面对一件事：我们一直处在具有不确定性的环境中，不确定性才是确定的。更多的知识和技术很可能会增加不确定性，而非减少不确定性。

既然花费很多时间努力搜集的外部环境信息未必是有效的，而且注定是不全面的，那还需要搜集信息吗？答案是肯定的。你不该对外部环境信息置若罔闻，只是你不能被从外部得到的信息牵着走。想想看，有哪个人准确描述了 2020 年、2021 年的社会状态？一些人一方面不断在预测方面展现才华，另一方面又在鼓吹不确定性。很明显，环境的不确定性不是人们通过"才华"能掌握的。

换个角度，或许你会更清醒：你拿着手机，和世界互联，在了解了世界的很多信息后仍然过不好当下的生活；不过，即使没有掌握那么多的外部信息，你的生活似乎也不会受到什么致命的影响，这反而可能让你更保持专注。

知己：计划促进自我改善

体检是指通过各项指标了解人体各系统的运转情形，而"知己"与之类似，也是要了解组织的运转情形。以下套用人们非常熟悉的企业管理中"人财物、产供销"基本体系来分析如何"知己"。这个体系对不同规模的企业、不同行业等都是适用的，它可以支撑企业的运转（见表 2-3）。那么，企业内部有哪些主要系统呢？

表 2-3　"人财物、产供销"基本体系

系统名称	功能及作用	基本内容
人员管理系统	管理人力资源。人才的选育用留	招聘并挑选符合企业发展的人员；对人员进行培训，使他们能始终胜任工作要求；把合适的人安排在合适的岗位上，使他们能有最好的表现；对于那些真正的人才，采取合适的激励方法留住他们
财务管理系统	管理企业的资金。最基础的财务管理系统就是企业的财务会计。初创企业需要通过财务语言记录企业活动，如现金管理、库存、成本、应收、应付等。随着企业规模的扩大，企业对财务管理有了更高的要求，财务管理的作用也日益突出	一个完整的财务管理系统包括投资、筹资、资金营运及利润分配等部分，可以配合公司整体战略目标进行资产的购置，提升投资回报率；以更合适的成本和更合适的时间筹集资金，满足企业发展的要求；保持营运资金的合理流动和配置，控制可能出现的各种财务风险；利润分配既要起激励的作用，也要满足未来发展的各种储备

系统名称	功能及作用	基本内容
资源管理系统	这里的资源是指人力资源和财务以外的其他内容，包括办公厂房、桌椅设备、知识专利、品牌等	不同的物品对应不同的管理系统，而这些管理系统的运转状态也会影响整个公司的表现。例如，公司的地理位置对员工的稳定性有影响，如果公司选址不当，上下班交通不便，员工的离职倾向可能更明显
运营系统	最基础的运营系统包括生产、销售和物流三个基本活动	生产活动可以定义为价值创造活动，可以保持生产活动的有效，例如做到高质量、低成本、强功能等。销售活动是实现价值的行为。物流活动既包括各种原材料、信息、人力等流入企业，也包括在生产场所内部的各种物料的流动，还包括各种产品以合适的方式流出企业、进行仓储、流向客户等活动，这是连接生产销售以及内部资源管理的综合性行为

企业通过例行的检查，可以对主要的运行系统有深入客观的认识。基于认真的自我检查，企业可以将未来的计划与自我完善更有机地融合。

不可胜在己，可胜在"敌"——计划点亮未来

正所谓"知己知彼，百战不殆；不知彼而知己，一胜一负；

不知彼，不知己，每战必殆"。

如果无法了解"彼"，你完全可以通过了解"己"来获得一半的胜算，而这不正是对于"有限理性"的务实解释吗？这样强调内部信息不意味着忽略或漠视外部信息。外部环境具有不确定性，因此企业不可能将对未来机会的洞察作为战略的驱动力，而应该通过强化自身，让自己拥有更强大的能力，提高对未来的适应能力。

在过去几十年的经济发展过程中，市场中不断涌现大量的机会，这的确让一些对外部市场较敏感的企业家实现了企业的快速发展。不过，这种发展范式必然随着社会和市场机制的发展而改变。尽管市场中一定会有一些企业，甚至是一些卓越的企业，如恐龙灭绝一般被变化的市场淘汰，但是这不能证明什么。

基于这样的认识形成的计划和方案才是切实的，也才是实事求是的。如果企业管理者眼睛向外，凭自己对企业的想象开始制订计划，这不仅是荒谬的，也是危险的。"风是不能被左右的"，很显然，管理者能做的不是努力了解风向和风力，因为再好的预测，也无法精确刻画未来，有些事情个人无法左右。风会熄灭蜡烛，却能使柴火越烧越旺，那么我们不要成为蜡烛，而要成为柴火，这样风就能让我们越烧越旺。

◇◇◇◇ 地图还是指南针

如今，人们越来越习惯于使用导航，即使开车到很熟悉的地方，也会使用导航。其中隐含的逻辑是效率，至少越来越高级的软件会告诉我们怎样开车效率会更高一些。企业的发展也需要导航：一张地图可以提高效率，一个指南针能够指明方向。

地图——提高效率的必需品

人们在拿到一张地图时，通常会首先找到"我现在在哪儿"，然后再去找寻目的地。清楚了这两件事后，再根据自己拥有的资源，思考如何更有效地到达目的地。罗伯特·卡普兰和大卫·诺顿提出的战略地图与上文逻辑一致。战略地图提供的是一种理念：我们先要了解自己的出发点，然后明白想要去的方向以及可能的路径。

广为流行的甘特图就是最初的战略地图。甘特图通过图表的形式让工作计划更直观。在图上，时间为横坐标，项目中的工作为纵坐标，将任务和时间进行匹配，从而得出工作活动的开始时间、结束时间以及持续时间，这样任务和任务之间的时间关系简洁明了。甘特图的绘制很简单，图表也容易被理解，示例如图 2-2 所示。

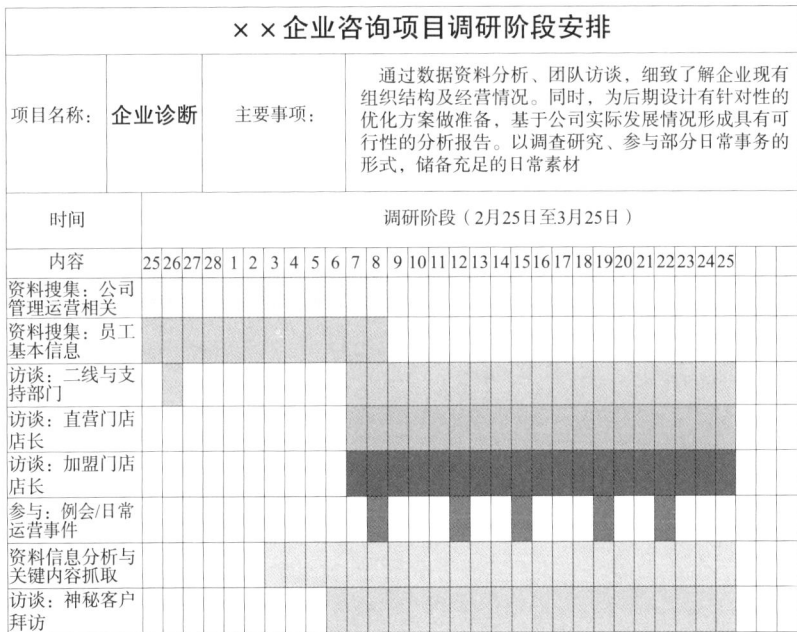

××企业咨询项目调研阶段安排			
项目名称：**企业诊断**	主要事项：		通过数据资料分析、团队访谈，细致了解企业现有组织结构及经营情况。同时，为后期设计有针对性的优化方案做准备，基于公司实际发展情况形成具有可行性的分析报告。以调查研究、参与部分日常事务的形式，储备充足的日常素材

时间	调研阶段（2月25日至3月25日）
内容	25 26 27 28 1 2 3 4 5 6 7 8 9 10 11 12 13 14 15 16 17 18 19 20 21 22 23 24 25
资料搜集：公司管理运营相关	
资料搜集：员工基本信息	
访谈：二线与支持部门	
访谈：直营门店店长	
访谈：加盟门店店长	
参与：例会/日常运营事件	
资料信息分析与关键内容抓取	
访谈：神秘客户拜访	

图 2-2　甘特图示例

甘特图将原本用文字表述的项目进度计划直观地以图表形式

展现出来，有利于组织推进和实施各项任务，尤其是对于那些涉及面较广、时间较长的大项目，甘特图非常简洁地描绘出不同时间段的任务状态。甘特图具有预警作用，其中无论开始时间还是截止时间，强烈的时间观念都会让工作承担者更有责任感地推进自己的任务。甘特图很好地结合计划和控制，从而推动工作有序开展，当人们的实际工作状态与甘特图呈现的项目预期出现偏差时，甘特图在一定程度上会自动督促相关人员采取必要的措施，确保整个工作的顺利推进。甘特图对于实现目标所必须完成的任务都进行了呈现，这就意味着人们之间会形成一定的相互监督，人们也对自己与整个项目的关系有了更明确的认识。

其实，战略地图中包含的逻辑并非不常见。这里我们不妨以经典的管理方格理论为例，看看这种逻辑怎么调整领导行为。在"领导行为四分图"研究的基础上，1964 年布莱克和穆顿提出了"管理方格图"，并于 1984 年将其改名为"新管理方格"。管理方格图的具体形式如图 2-3 所示。

这是一张九等分的方格图，横坐标表示领导者对生产的关心程度，纵坐标表示领导者对人的关心程度。两条坐标轴各划分为由 1 到 9 的等级。整个方格图共有 81 个小方格，每个小方格表示由"对生产的关心"和"对人的关心"这两个基本维度组合的领导方式。在评价领导者时，可根据其对生产的关心程度和对员工的关心程度，在图上寻找交叉点，交叉点能指示其领导类型。

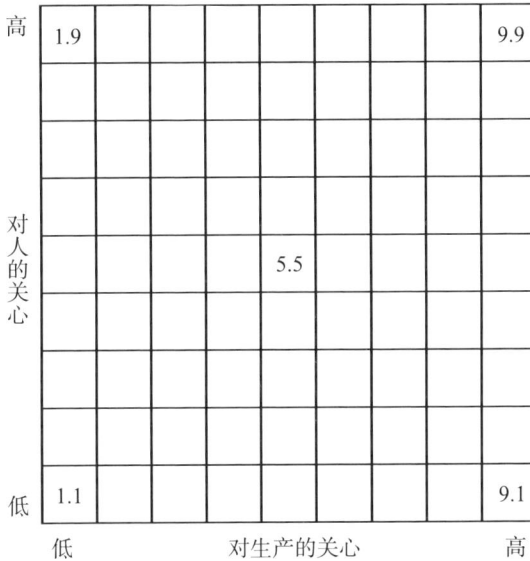

图 2-3　管理方格图

布莱克和穆顿在方格图中列出了五种基本类型的领导风格，算是这张图中的基本参照点。

贫乏型管理（1.1）：对员工和生产几乎都不甚关心，只以最小的努力来完成必须做的工作，这种领导方式将会导致失败。

任务型管理（9.1）：注意力集中于生产任务和工作效率，注重计划、指导和控制员工的工作活动，以此完成企业的生产目标，但不关心人，很少注意提高员工的士气。

俱乐部型管理（1.9）：注意力集中于对员工的支持和体谅，强调满足员工的需要，努力创造一种像俱乐部一样舒适、和睦的组织气氛和工作环境，使人心情舒畅，以此完成生产，但很少关心规章制度、指挥监督情况、任务效率等。

中间型管理（5.5）：认为应使工作任务的完成情况与员工的满意状况保持平衡，以获得正常的绩效水平，只追求正常的效率和基本令人满意的士气，但缺乏创新精神。

战斗集体型管理（9.9）：对员工、生产都极为关心，努力使员工个人的需求和组织的目标有效结合，建立命运与共的友爱集体，因而员工之间关系和谐，士气旺盛，会进行自我控制，生产任务完成得极好。

管理方格理论明确指出：领导者需要在"对人的关心"和"对生产的关心"这两个对领导效能影响极大的维度上正确认识自己，通过自我评估，了解自己目前与最好的状态的差距。认识到差距或明白自己的不足，为下一步的自我调整提供了方向。例如，一个领导者意识到自己处在方格图（3.8）的位置上，这就意味着他较关心员工，但是对于工作的关心明显还不够，这样，他就能知道如何强化对工作的关心并实现平衡。

管理方格理论也提供了一种与战略地图相似的思维模式：评估自己的状态，然后在愿景或目标的驱动下，明确前进的方向。与甘特图相似，管理方格理论也试图将繁杂无形的问题，用直观的方式呈现出来。

一张清晰的地图能为人们通向目的地提供更多的确定性，但这绝不意味着有了地图就万事大吉了。客观上来说，地图需要不断更新。对于一个不断发展的地区来说，不仅是外地的访问者，即使是当地的居住者，也常常会遇到用最新的地图也无法描述变化的情形。如果按照既定的路线前往目的地，走着走着，你可能就会遇到道路维修或临时管制的情况，或者你乘坐地铁、公共汽车前往目的地，但它们并没有像往常一样正常发车。这大概是使用地图时经常会遇到的问题。

这一问题与之前的滚动计划有关。滚动计划本质上就是对行进路线的动态修正。在修正的过程中，管理者甚至会反省是否需要修正目的地，因为在行进过程中，会搜集到更多的信息，于是最初确定的目的地可能被优化。

拿着同样的地图，去往同样的目的地，人们的路线也未必一样，其中，个体的主观意愿在发挥作用。例如，有些人走路，想着欣赏更多的美景；有些人跑步，就想着最好有跑道；有些人骑自行车，更关心骑行速度的问题；等等。我们在利用导航软件规划行程时，会发现一些设定，例如"时间优先""距离优先""费用优先"等。对于企业管理者来说，就地图达成共识，并且就未来的行动路线达成共识，是很关键的，否则会出现大家行动路线不同的情况。

指南针——计划需要方向来指引

毫无疑问，地图提供的差距逻辑（gap analysis，也译作"空隙分析"）让工作更聚焦、高效，但这里有一个基本前提，那就是地图呈现的环境是非常确定的。如果面对一个不确定的环境，管理者要靠什么指引方向呢？看看早期的航海船队或丝绸之路上的驼队，指引它们前行的不是地图而是手中的指南针，那么什么会成为一个组织长期发展的指南针呢？

在这方面，很多在百年中跌宕起伏的老字号企业可能是很好的样本。在调研这些企业的发展时，受访者平实的话语真切地反映出企业的责任担当，而在描述老一辈创业者时，人们说的更多的词是"情怀"，如果把这个词放在经营管理的背景下，战略管理中的"使命"（mission）一词，似乎与它的含义最相近。使命表明了企业为什么存在或企业的根本任务是什么。以"达则兼善世多寿，仁者爱人春可回"为经营哲学的达仁堂，秉承治业祖训，经得起百年的时间考验，在广大消费者中享有极高的声誉。

一些老字号企业用百年的风雨征程证明了情怀是企业发展的

指南针，它所激发出的"穷且益坚，不坠青云之志"的胸襟、"虽千万人吾往矣"的勇毅以及"知其不可为而为之"的坚守，都指引着老字号企业在跌宕起伏的历史风云中坚定前行。

相比之下，没有使命作为指南的一些企业在经济浪潮中随波逐流，有时会成为佼佼者，但最终很可能失去方向并消失。使命不是表面功夫，它必须来自企业家内心的执着，并且这一执着一定是与社会价值牢牢绑定的。伟大的企业、崇高的事业所追求的东西往往都超越利润。如果一家真正有品质、坚持其使命的公司不幸消亡，往往会让很多消费者若有所失。有句话叫：利己则生，利他则久。正所谓："爱人者，人恒爱之；敬人者，人恒敬之。"个人"利他"更容易获得美好的人生，企业"利他"更能拥有"长寿的基因"。长久经营的企业之所以能够奋勇前进，很大一部分原因是它们有着指引、激励企业全体的价值观与超越利润的归属感。

成长的过程中需要指引。对于熟悉的领域，一张地图就能告诉我们应该怎么做；对于不确定的环境，使命就是行动的指南针。

小结

　　计划是管理工作的首要职能，其重要性再怎么强调都不过分。对于经营者来说，如果一定要排出工作的优先顺序，那计划一定在首位。计划是管理工作的起点，也是终点，它让一切活动有条不紊地推动。环境总是"危""机"并存，计划的任务就是在充分利用机会的同时，尽可能降低风险，通过管理层的运筹帷幄，调动资源，采取合理的手段获得胜利。在生活中，或许我们需要点刺激带来惊喜，但在管理工作中，按部就班地落实各项计划内容才是惊喜。无论怎样，严谨的计划都是成功路上不可或缺的伙伴。

第三章 组织起来才有力量

Chapter 3

现代组织的一个重要特点就是明确分工以及高效协作。组织职能的完善会提升组织的运转效率。如何让直接创造价值的直线部门与起辅助、参谋作用的职能部门互相之间良好协作，保障组织平稳发展？在组织设计的博弈中，如何权衡集权与分权的利弊？如何使组织融入更宏大的生态系统，在数字化时代和互联时代与整个生态系统协同进化？作为企业管理者的你，快来揭开组织管理的精彩篇章吧……

◇◇◇◇ 有效的组织结构

在目标确定的情况下，组织需要对完成目标所必须进行的业务活动进行分类组合，并划分出不同的管理层次和部门。组织需要将执行活动所需要的职权授予相应的管理人员，并规定不同层次和部门的相互配合关系，建立一个让组织成员相互合作、以较低成本实现内部交易的良好环境，使组织成员在各自的岗位上为实现组织目标尽职尽责。

组织工作是具体的"进哪门出哪门"，而能直观地体现组织职能的形式就是组织结构图，它不仅具体安排了组织内部各部门的工作，还让人可以直观感受到组织的权责体系布局。

组织结构是组织内部分工协作的基本形式和框架，它反映了组织内部正式的、制度化的权力、责任、任务及其相互关系，是组织部门化和层级化的结果。组织结构图不仅明确了部门间的关系，也可以帮助个体找到自己在组织内的位置，并且让那些互不相识的个体在一个组织内集合出定向的力量，这就是组织职能的目标。

世界上没有完全一样的两片树叶，也几乎没有完全一样的两张企业组织结构图。在企业的发展过程中，会有很多因素影响着企业的组织结构，它们会沉淀进组织结构，成为企业独特的风景。影响组织结构设计的主要因素有以下五个（见图3-1）。

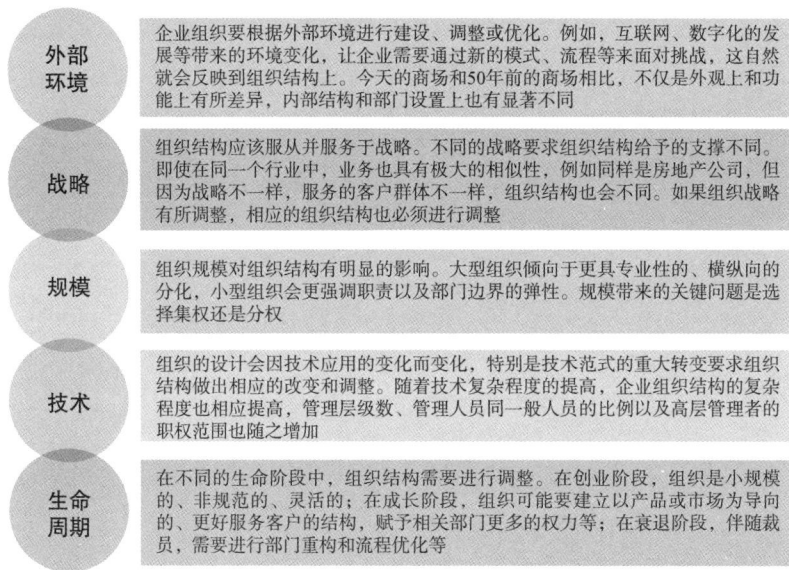

外部环境	企业组织要根据外部环境进行建设、调整或优化。例如，互联网、数字化的发展等带来的环境变化，让企业需要通过新的模式、流程等来面对挑战，这自然就会反映到组织结构上。今天的商场和50年前的商场相比，不仅是外观上和功能上有所差异，内部结构和部门设置上也有显著不同
战略	组织结构应该服从并服务于战略。不同的战略要求组织结构给予的支撑不同。即使在同一个行业中，业务也具有极大的相似性，例如同样是房地产公司，但因为战略不一样，服务的客户群体不一样，组织结构也会不同。如果组织战略有所调整，相应的组织结构也必须进行调整
规模	组织规模对组织结构有明显的影响。大型组织倾向于更具专业性的、横纵向的分化，小型组织会更强调职责以及部门边界的弹性。规模带来的关键问题是选择集权还是分权
技术	组织的设计会因技术应用的变化而变化，特别是技术范式的重大转变要求组织结构做出相应的改变和调整。随着技术复杂程度的提高，企业组织结构的复杂程度也相应提高，管理层级数、管理人员同一般人员的比例以及高层管理者的职权范围也随之增加
生命周期	在不同的生命阶段中，组织结构需要进行调整。在创业阶段，组织是小规模的、非规范的、灵活的；在成长阶段，组织可能要建立以产品或市场为导向的、更好服务客户的结构，赋予相关部门更多的权力等；在衰退阶段，伴随裁员，需要进行部门重构和流程优化等

图3-1 影响组织结构设计的主要因素

除了上述五个因素，每个企业在组织结构设计方面会有一些自己的独特考虑，例如表现独特历史传统的职能、关键人员等。从整体结构类型上看，常见的组织结构类型有：直线型、职能型、直线职能型、事业部型、矩阵型等，选择哪种组织结构类型的核心在于其能否有效实现企业目标（见表3-1）。

表3-1　常见的组织结构类型

常见组织结构类型	简介	特点与优点	适用性或不足
直线型	最早使用也是最简单的一种结构，是一种集权式的组织结构，也被称为"厂长制"	组织中各种职位按垂直系统直线排列，各级领导人执行统一指挥和管理职能，不设专门的职能机构。组织结构设置简单、权责分明、统一指挥、集中管理	适用于规模较小、人数不多的组织
职能型	以工作方法和技能作为部门划分依据，通过将专业技能紧密联系的业务活动归类到一个单位内部，更有效地开发和使用技能，提高工作效率	当专业型的厂长面对自身技能以外的管理领域时，需要得到来自其他专业的支持，如财务专业。随着业务规模不断扩大，资金的使用效率和成本也需要更专业的控制，这一专业从简单的会计记账，升级为建立财务职能	通过职能化建设为组织带来更多的管理能力，降低了风险和成本，是组织结构进一步演化的过渡阶段
直线职能型	以直线型为基础，根据具体情形有计划地设置职能部门，分别从事专业管理，为相应管理者提供意见职能部门拟订的计划、方案及有关指令，统一由直线管理者批准下达，职能部门无权直接下达命令进行指挥	保持了直线型的集中统一指挥的特点，又可以发挥职能型的专业特长，从而提高了管理的效率	大多数企业如今采取的组织结构形式

第三章　组织起来才有力量

常见组织结构类型	简介	特点与优点	适用性或不足
事业部型	随着企业规模大型化、经营多样化、竞争越发激烈等情况出现的一种分权式的组织形式。集中决策、分散经营，即在集权领导下实行分权管理。每个事业部都是独立核算单位，在经营管理上拥有很大自主权。总公司只保留预算、人事任免和重大问题的决策等权力，运用利润等指标控制事业部	重要决策可以在较低的组织层次做出，提高管理的灵活性和适应性；有利于调动各事业部的积极性、培养高级管理人才；便于竞争，增强企业对外部环境变化的适应能力，也有利于更高的管理层集中精力做好战略方针决策等	增加了管理层次，造成机构设置重叠，管理人员和管理费用增加。由于各事业部独立经营，经常由本部门完成处罚，容易形成不顾公司整体利益的本位主义倾向，需要特别关注
矩阵型	由纵横两套管理系统组成的组织结构，一套是纵向的职能领导系统，另一套是横向的项目系统，也就是既有按职能划分的纵向领导系统，又有按项目划分的横向领导系统的结构。适合在需要对环境变化做出迅速而一致的反应的企业中使用，如咨询公司和软件设计公司等	通过将人员组成灵活的产品管理小组形式，大大增强企业对外部环境变化的快速反应能力 有利于加强各部门之间的协作和配合。具有较强的机动性，能根据特定需要和环境进行调整，适应性强。不同部门、具有不同专长的专业人员组织在一起，更有利于互相启发、集思广益	矩阵型组织结构明显比较复杂，要求管理者具备管理复杂组织的能力。组织成员要听两个或两个以上的上级领导的指挥，这明显违反了统一指挥的基本原则，有时候会造成管理秩序的混乱

以上只是组织结构的主要类别。具体到某一个企业，势必要

根据自身的发展要求来选择适合自己的方式，不能照搬其他公司特别是那些"明星"公司的组织结构。组织结构图没有最佳版本。事实上，各大互联网公司面临着新业态、新对手的竞争，自身还有人员管理、业务重叠等一系列的组织问题，它们经常根据种种变化调整结构。尤其是这两年，类似的组织结构调整仿佛家常便饭。

一句话，能够有效实现目标的组织结构就是好的组织结构。

◇◇◇◇ 挖掘职能部门的价值

随着组织规模不断扩大，管理者不得不把自己承担的任务和职权部分分派给他人。面对更复杂的决策环境，为了提高工作质量，企业需要聘用一些具有专业技术特长的人员，例如财务会计人员、市场研究人员、行政人员等，帮助自己搜集和分析信息，以便更好地决策，并通过这些人员逐渐发展出职能部门。例如，一个公司刚创立时，总经理通常集生产、服务、市场、财务、人事于一身；随着公司不断成长，总经理便逐渐把那些自己做的事情交给一个个部门去做，职能部门由此慢慢产生。

各种组织的结构通常由两个基本系统（两个部门）构成，即直线部门与职能部门，后者是帮助其他部门思考和决策的部门，因此还被称为"参谋部门"（见表3-2）。例如，在一个制造型企业中，生产车间就是直线部门，各个管理科室就是职能部门；在一个大学中，各个院系、研究所就是直线部门，而学校的教务处、科研处等就是职能部门，它们为校长在教学和科研管理方面的决策提供建议。随着组织不断发展，组织的目的也不仅是创造价值，还包括在变化的环境下持久经营。因此，尽管组织的直线部门是核心和关键，它是否健康、有效决定着组织的根本状态，但职能部门也扮演着越来越重要的角色。

表3-2　组织结构的两个部门

直线部门	职能部门
为组织直接创造价值	不直接创造价值，为直线部门提供支持
先于职能部门产生	根据组织发展的实际需要渐次成立
对实现组织目标负有直接责任、对组织目标的实现有直接贡献	对组织目标的实现有间接贡献、为实现组织目标而进行协作，配合直线部门更有效地工作
掌控决策权	协助管理者进行联络、预测与计划等
影响组织目标的实现	影响组织实现的目标的有效性

"好参谋"不好当——职能部门的价值

在企业发展过程中，企业管理者可能经常会被置于直线部门与职能部门的"拉扯"与"博弈"中：谁更重要？谁的价值更容易被体现？职能部门是不重要的吗？职能部门做的是直线部门不屑于做的工作或随时可以被收回的工作吗？直线部门与职能部门的零和博弈肯定是有害的，所谓"不要离开直线部门"也是一个认识误区，但因为这个误区的确是从价值创造这个视角切入后得到的，因此在追求价值贡献的企业内自然非常流行。

例如，人力资源管理领域中"人力资源业务合作伙伴"（Human Resource Business Partner，HRBP）一词，又称"业务伙伴"，是指企业派驻到各个业务或事业部的人力资源管理者，主要协助各业务单元高层及经理在员工发展、人才发掘、能力培养等方面的工作。这个定义非常明确地定位了人力资源这一职能部门扮演的角色。在现实中，业务伙伴其实是一个表面积极实则无奈的说法，业务部门是否把你当成了伙伴？尽管技术经理清楚地知道自己并不擅长对人员进行测评，但他们也未必需要这样一个伙伴帮忙。如果伙伴关系没有建立在平等的心理基础上，那么这样的关系根本就是不存在的，或者只存在于想象中。

你也许会问，组织是否可以把相关的职能工作外包出去呢？有些工作可以外包，例如公司起步时可以把一些财务工作外包出去，但有些工作是外部专业机构无法胜任的。专门的内部机构，也就是职能部门不仅要掌握相应的专业技能，更重要的是要了解组织进行决策的特定情景，这样提出的建议才会更贴近组织的实际情况。从如今企业所处的经营环境来看，企业更依赖内部的专业分析来适应复杂的市场情况。

要想真正体现职能部门的价值，职能部门必须由一些专业人员构成，这些专业人员能切实地为直线部门分析和解决问题，然而，对职能部门不够重视的情况经常发生。在许多情况下，一些并没有专业技能的人被安排进职能部门。例如，有些企业在结构调整过程中，经常会把一些"富余"人员安排进人事部，如果这样做，怎么能指望人事职能部门提供专业的人事服务呢？

因此，要想使职能部门发挥作用，在企业内部就不能把职能部门简单地定位为可有可无的辅助机构。当组织面对具有高度不确定性的经营环境时，组织必须加强对职能部门的建设，职能部门应该拥有更大的权力，参与更多的决策。对于那些有了一定规模的组织来说，职能部门的价值要得到突显和强化，因为它们将承担对于企业未来可能遭遇的风险进行预警的作用。如果把企业比作一个大型的战略航母编队，它既需要构建攻击的力量，也需要进行大范围的预警，从而更充分地调整时间和腾挪空间。职能部门需要搜集、整理和分析来自内外部环境的各种信息，为企业最高管理层提供决策依据。预警不只存在于财务系统，也存在于人事、市场、生产、供应等系统。例如，人员离职率开始上升，组织就必须认真检查人事管理系统中是否存在问题；市场出现不正常波动，组织就必须检查行销手段是否适当。这些问题虽然不会给组织带来致命伤害，但必须被组织谨慎对待。

此外，很重要的一点是，直线部门和职能部门是平行的，直线部门不能直接对职能部门下达指令，职能部门也不能直接干预直线部门的具体运作，他们需要通过更高一级的管理者的协调来保证最终命令的下达。这样一来，职能部门的权力行使就可以起到平衡组织内部权力、限制直线部门权力的扩大的作用，这样做虽然会降低效率，但会使权力得到更稳妥的运用。

虽然职能部门不直接创造价值，但组织需要职能部门切实履行职能职权，以保障组织持续创造价值，持续成长。实际上，平衡直线部门也是职能部门对组织的重要贡献。

直线部门与职能部门的博弈——为了提升效率和效益

撇开个人的人际色彩，单从组织内部的部门来看，直线部门与职能部门的权力冲突、博弈是普遍存在的。从部门关系的角度看，直线部门与职能部门的划分是相对于整个组织而言的，二者通过实现组织目标发生联系。直线部门要为组织目标的实现做直接贡献，而职能部门通过提供意见与建议，保证组织目标能更有效地实现。在思考问题时，由于二者出发点不同，在采用的手段上可能就会存在差异。例如，同样是想拿下竞争对手的"阵地"，直线部门会想不惜一切代价地用炮火覆盖，职能部门就会先算账，希望能更精准地打击对手。

从部门权力的角度看，直线部门与职能部门有很大不同。直线权力表现为，在接到相关指令信息后，他们必须按照规定执行；而职能权力表现为，接到相关指令信息后，他们可以采纳这个信息所包含的内容，也可以不采纳。直线部门需要职能部门的帮助，以此做出正确的决策，而职能部门需要直线部门的支持，才能行使权力。

这就好像大部分相声表演由逗哏和捧哏构成，二者或许有主次之分，但都不可或缺。处理好直线部门和职能部门之间的关系非常重要。直线部门做出决策、发布命令并付诸实施，直线职权必须得到保障，这样组织内部才能实现统一指挥的状态。职能部门从专业角度保障直线部门的决策不仅是正确的，而且是高效的，毕竟企业追求效率和效益。

此外，为了使下级直线人员在一些特殊问题上能做出更合理的决策，上级直线指挥人员可以授权相应的职能部门，要求下级直线人员在采取具体行动前，必须事先和该部门商量，否则不予批准，以加强职能人员的发言权和影响力。强制性磋商制度可以让直线部门更冷静、全面地思考重大问题。

当然，对职能职权也要有一定的限制，尤其要限制职能部门的权力范围。一般而言，职能职权的运用常限于"如何做""何时做"等方面的问题，若扩大到"在哪儿做""谁来做""做什么"等方面的问题，就会越俎代庖地影响直线人员的工作。

职能部门能独立提出建议，组织需要给予职能部门充分的建议权，但直线人员的决策不应被职能人员左右。职能人员应"多谋"，直线人员应"善断"。不管怎样，直线人员才是决策的主人，需要为整体目标的实现负责。

◇◇◇◇ 让听得见炮声的人来决策

任正非在 2009 年的一次华为内部演讲中有这样一段："谁来呼唤炮火，应该让听得见炮声的人来决策。而现在我们恰好是反过来的。机关不了解前线，但拥有太多的权力与资源，为了控制运营的风险，自然而然地设置了许多流程控制点，而且不愿意授权。过多的流程控制点，会降低运行效率，增加运作成本，滋生了官僚主义及教条主义。当然，因内控需要而设置合理的流程控制点是必须的。"

"谁来呼唤炮火，应该让听得见炮声的人来决策"因此广为人知，这也说明了分权的必要性和急迫性。那么，集权与分权到底有什么优缺点呢（见表 3-3）？

表 3-3　集权与分权的含义及优缺点

	含义	心理状态与角度定义	优点	缺点
集权	一个组织的决策权力由最高管理者掌握，决策发生在组织高层	如果人们拥有了少于工作职责的权力，就可以被定义为集权	易使指令统一；指挥方便；一致化行动；有利于集中力量等	缺少弹性和灵活性；无法照顾分公司或子公司的特殊性；下级容易产生依赖思想，久而久之不愿承担责任等
分权	将决策权力下放到组织的其他层级	如果人们拥有了相应的甚至是更多的超乎工作职责的权力，就可以被定义为分权	能够集思广益；充分发挥下级的主观能动性；做到从实际出发，具体问题具体分析，从而因时、因地制宜地制订具有自身特色的方案等	难以坚持指令统一；容易使组织各层级各自为政；组织整体利益容易被忽视等

　　集权与分权的博弈由来已久，绝对的集权和分权是不存在的，通过表 3-3 我们可以发现，理论上，集权与分权的优缺点条分缕析，但在具体实践中，对企业管理层来说，到底应该集权还是分权仍是一个巨大的、绕不过去的挑战。

　　1998 年，面对复杂的问题和阻力，何享健在美的集团编写推出了"分权手册"，以书面形式明确规定了集团、事业部、子公司以及各职能部门在管理中的权力和承担的责任。内容包括："一个结合，十个放开，四个强化，七个管住"。"一个结合"，即集权与分权相结合，权力、责任与义务相互统一；"十个放开"，在机构设置权、基层干部的考核任免权、劳动用工权、专业技术人员聘用权、员工分配权、预算内和标准内费用开支权、计划内生产性投资项目实施权、生产组织权、采购供应权及销售权 10 项基础权利下放；"四个强化"，即强化预算管理、强化考核评估、强化审计监督、强化服务；"七个管住"，即管住战略目标、管住资金、管住资产、管住发展战略、管住政策、管住各事业部和分公司的高管和财务人员。2012 年何享健就将公司的领导权交给了普通员工出身的方洪波，并给予他极大的信任和授权。

美的集团将集权和分权的问题书面化，对于可能出现混淆的领域制定可以遵循的、清清楚楚的规则。从表面上看这是一个经营战术，但从深层看这却关系到管理层的理念。美的集团之所以能稳步发展，并在其专业领域有长足的进步，非常关键的原因就是其妥善地解决了"集权和分权"这一令许多管理者特别头疼的问题。在清晰的权责体系下，企业也表现出更职业的状态。可见，集权与分权的博弈关键在于，企业的管理者选择了与当时的情景相匹配的制度，并且能够根据企业的具体情况进行动态调整。博弈的精髓就是明确集权和分权各有利弊，只有对它们进行灵活的安排和掌握，才能让企业有更好的表现。

影响企业集权和分权的主要因素是多方面的（见图 3-2）。集权和分权具体应进行到怎样的程度，最终需要企业最高领导层审时度势。从某种意义上说，分权对于企业来说是大势所趋。无论企业规模的扩大、企业经营领域的扩张，还是经营人员的日益成熟以及企业管理的完善，都预示着在企业的成长过程中，分权是必然的。因此，企业最高领导层更应该做的是把握好分权的节奏。

组织规模
- 集权和分权根本上是组织问题，也就是权力在组织层面如何配置的问题
- 初创企业在组织层面讨论集权和分权意义不大，因为创业者自身既是战略策划者也是实际执行者
- 组织发展到一定规模后，如果企业在组织架构上还保持着传统的直线职能型，集权色彩会更强
- 如果产品更丰富或覆盖的领域更广，尤其是出现了类似事业部的结构形态，就有必要认真考虑分权问题

市场分布
- 地理概念——企业在不同的地理区域内有生产和销售活动
- 不同的产品对应不同的细分市场——多市场经营往往是企业进行事业部组织设计时的主要影响因素，在不同的地理区隔尤其是跨国经营活动中，更倾向于分权管理，以便当地子公司或事业部能够更快地响应市场
- 对于不同产品尤其是有明显技术界限的产品，分权会是更好的选择，能够帮助企业实现专业化管理

客户需求
- 客户需求的多样化——不同类型的客户会有不同的需求，分权这一组织安排能为客户提供更有效的服务
- 客户需求的满足状态——分权的状态更容易调动基层的积极性，从而更好地满足客户需求。被津津乐道的海底捞管理的重要特点之一就是把权力下放给门店的每一名普通员工

人员状态
- 权力必须交给合适的人才能发挥应有的作用
- 只有面对那些既有良好的态度又有足够的能力的下属，管理者才可以采取授权的态度分权
- 如果下属的态度不够积极或没有足够的能力，那么分权不仅不能实现领导者的期望，还会带来问题。如果分权给那些有能力但对企业缺乏归属感和承诺的子公司负责人，他们很有可能利用手中的权力做出对企业不利的事情

图 3-2 影响企业集权和分权的主要因素

如何把握好分权的节奏呢？主要方法是提高治理效率、降低治理风险。企业最高管理层一方面要提升效率，另一方面也要注意控制风险。

对于集权与分权，还有一个更通俗的说法：一言堂还是群言堂。一言堂是指组织内某个人说了算，从集权发展到极权、专权，多少带有贬义色彩，也有种种弊端，如决策容易失误、影响组织的民主氛围、过分集权、以言代法、权大于法、组织内容易滋生个人腐败等。群言堂是指大家都可以发言讨论，大家一起说了算。群言堂不仅在决策时是这样，在执行时也需要如此：大家要商量着办事情，群策群力，充分发扬众人拾柴火焰高的思想，把工作做得更好。

集权的特点是保障了组织的效率。没有来回商量，也没有在具体的建议方面更多的妥协与谈判。用这种方法产生的决策不一定是最优的，但是可以立刻落实，而高效对于中小规模的企业来说至关重要。群言堂从不同角度反复研究、慎重思考一个方案，在稳妥的同时意味着决策效率的降低，往往会错过机会。

总之，集权与分权的博弈大概是组织理论中最具争论的话题之一。只要权力存在，就有权力分布这一问题，这是一个没有标准答案的问题。但权力毕竟是工具，它只是实现最终目标的阶段性目标。在面对集权和分权的博弈时，将企业长远规划目标与价值观作为根本的指南针，可能更容易解决这个问题。

◇◇◇◇ 合理分工、高效协作

随着组织不断发展，分工能使组织更聚焦于专业技能，这也使效率的提高有了充分保障。同时，基于分工协作，整合也在逐渐深化。新一轮的分工与协作也在新的一轮博弈中，更深入地循环。就像英国工业革命时催生出的大生产方式必然要求工作场所中有更细致的分工，而分工所导致的明显的专业化和高效率又进一步推动了生产方式的革命。

企业中的分工通常会表现在三方面：纵向的分工、横向的分工（传统意义上的部门化）、空间上的分工（组织在地理区域上的分布范围），具体如图3-3所示。

在工作中，伴随分工出现的是相互联系和相互依赖，具体有以下三种情形：并列式相互依赖、顺序式相互依赖、交互式相互依赖（见图3-4）。

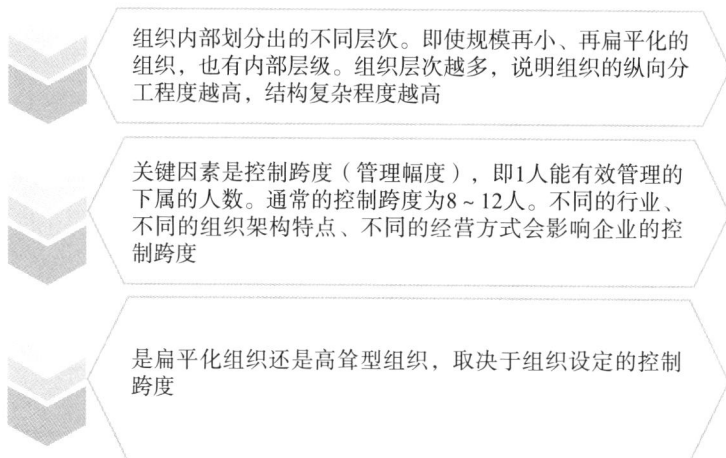

组织内部划分出的不同层次。即使规模再小、再扁平化的组织，也有内部层级。组织层次越多，说明组织的纵向分工程度越高，结构复杂程度越高

关键因素是控制跨度（管理幅度），即1人能有效管理的下属的人数。通常的控制跨度为8～12人。不同的行业、不同的组织架构特点、不同的经营方式会影响企业的控制跨度

是扁平化组织还是高耸型组织，取决于组织设定的控制跨度

a）纵向的分工

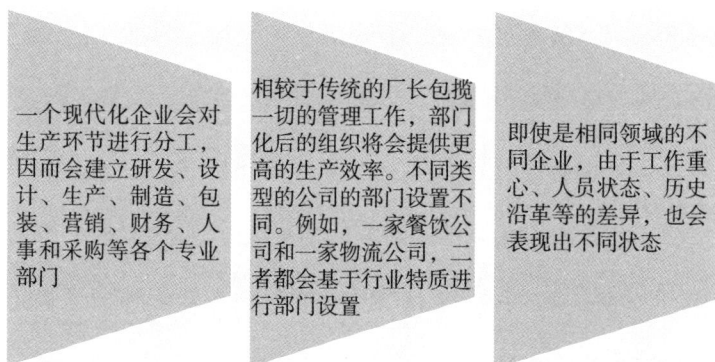

一个现代化企业会对生产环节进行分工，因而会建立研发、设计、生产、制造、包装、营销、财务、人事和采购等各个专业部门

相较于传统的厂长包揽一切的管理工作，部门化后的组织将会提供更高的生产效率。不同类型的公司的部门设置不同。例如，一家餐饮公司和一家物流公司，二者都会基于行业特质进行部门设置

即使是相同领域的不同企业，由于工作重心、人员状态、历史沿革等的差异，也会表现出不同状态

b）横向的分工

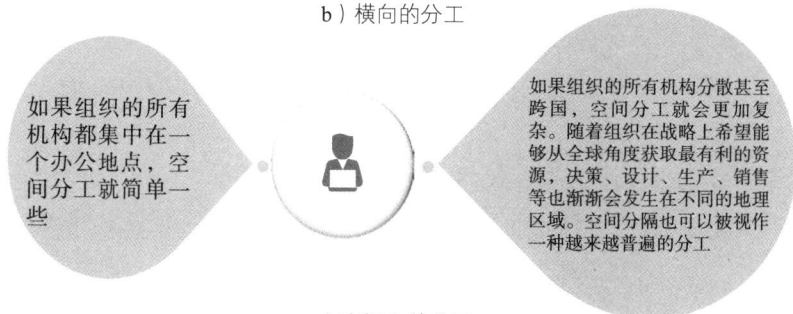

如果组织的所有机构都集中在一个办公地点，空间分工就简单一些

如果组织的所有机构分散甚至跨国，空间分工就会更加复杂。随着组织在战略上希望能够从全球角度获取最有利的资源，决策、设计、生产、销售等也渐渐会发生在不同的地理区域。空间分隔也可以被视作一种越来越普遍的分工

c）空间上的分工

图 3-3　组织分工形式

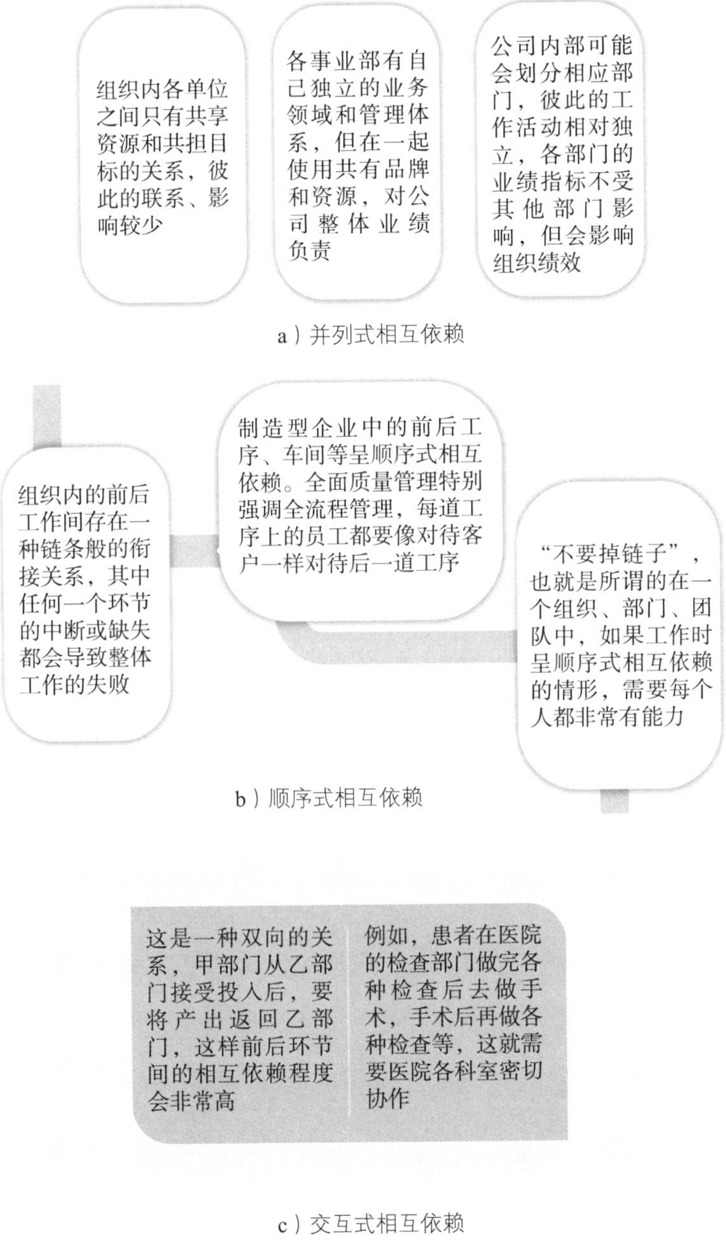

组织内各单位之间只有共享资源和共担目标的关系，彼此的联系、影响较少

各事业部有自己独立的业务领域和管理体系，但在一起使用共有品牌和资源，对公司整体业绩负责

公司内部可能会划分相应部门，彼此的工作活动相对独立，各部门的业绩指标不受其他部门影响，但会影响组织绩效

a）并列式相互依赖

组织内的前后工作间存在一种链条般的衔接关系，其中任何一个环节的中断或缺失都会导致整体工作的失败

制造型企业中的前后工序、车间等呈顺序式相互依赖。全面质量管理特别强调全流程管理，每道工序上的员工都要像对待客户一样对待后一道工序

"不要掉链子"，也就是所谓的在一个组织、部门、团队中，如果工作时呈顺序式相互依赖的情形，需要每个人都非常有能力

b）顺序式相互依赖

这是一种双向的关系，甲部门从乙部门接受投入后，要将产出返回乙部门，这样前后环节间的相互依赖程度会非常高

例如，患者在医院的检查部门做完各种检查后去做手术，手术后再做各种检查等，这就需要医院各科室密切协作

c）交互式相互依赖

图 3-4 组织依赖关系

第三章 组织起来才有力量

组织内之所以出现部门或工作的相互依赖，正是因为存在分工。一个人独自工作，自然就不存在协调这件事。但是当两个或两个以上的人共同工作时，为了实现共同目标，自然而然地要进行协调。而对由多个部门组成的组织来说，有效建立协调机制才能让之前进行的分工达到预期目的，才能呈现出 $1+1 > 2$ 以及 $(1+1+\cdots+n) > N$ 的最终结果。

一般而言，组织可以通过以下方式进行协调（见表 3-4）。

表 3-4　组织的协调方式

协调方式	具体方式	备注
组织等级链	分工协作关系出现，导致需要有专人负责指挥和监督他人的活动，使人们在行动上配合一致，这是基于行政职权进行的强制性协调。随着组织规模进一步扩大，企业最高管理层与基层人员之间往往又需要设置若干中间管理层，这就形成了组织的等级链体系	管理者的职责之一就是协调与任务有关的人员和部门　如果放任只顾自身利益或本部门利益的管理者，管理层缺失横向和纵向的协调职能，整个组织就将陷入僵化或瘫痪的境地
程序、规则和有关计划	随着组织规模进一步扩大，单纯依靠等级链进行监督和协调成本过高，很难满足需要。对于重复性的工作可以制订详细的程序和规则。组织成员可以依据程序和规则行事，协调配合	组织进行的战略计划、经营计划等，有助于实现组织各部门之间的协调配合和员工自我管理。企业在年底或年初举行的计划工作会议中，可以将未来的工作目标布置给各个部门。通过充分交流讨论，企业管理层也能增进对彼此的了解，并进行必要的事先协调，为未来的计划做好充分准备

协调方式	具体方式	备注
直接的接触和交流	不同部门间的管理人员或员工就某一问题直接进行接触和交流，并形成一种交流机制，如通过正式的部门或项目联席会议，或非正式的头脑风暴、茶歇时间等	定期的跨部门交流是在管理实践中经常使用的、比较有效的横向协调方式。通过直接沟通，最大程度减少信息失真和信息偏差，增进对彼此的认同，避免不必要的误解和冲突
任务小组	当需要在两个以上的部门间加强联系与协作时，相关部门可以成立临时的跨部门任务小组。任务小组中的成员由来自不同部门、具有不同专业技能的人员构成，可更系统、全面地认识和解决问题	团队能够有效沟通，并督促各机构间展开协作
工作说明书	一个团队中，解决分工协作问题的最简易、有效的方式之一是通过工作分析，建立规范的工作说明书体系，让每个人真正了解自己的岗位职责	通过对工作说明书的反复讨论和学习，建立团队成员对彼此工作职责的基本认知，这样，每个人在团队中分工清晰，也了解团队伙伴的工作状态，为协作奠定基础

从"分工"到"分权"再到"分利"，百年间管理理论围绕如何提升管理效率展开，并取得了明显成果。但这不是因为"分"，而是因为"合"，也就是职能协同、系统合一。有相同的管理结构的组织为什么会取得不同成果？核心在于把企业看成一个整体，而非处于分割状态的几个个体。

为了完成共同目标，组织的各部分之间必须紧密协作，将相互依赖转化为默契协作，从而构建真正的"有机体"。如今，企业的特点是具有更科学的分工和更缜密的协作，这需要通过组织职能建立内部的协作体系，从而有效控制分工带来的问题。

◇◇◇◇ 协同进化的生态系统

要想让企业在变化莫测的环境中存活、发展，管理者不仅要有管理智慧，也需要更新理念，真正做到与环境友好相处。

创新、选择、适应——组织与环境之间的博弈、互动

为了更好地在环境中生存，组织与环境之间的博弈、互动出现如下三种基本形式：创新、选择、适应（见图3-5）。

组织管理的发展经历了五个阶段：第一阶段是科学管理，追求机械效率。第二阶段是以人为本，把人放在组织中，不再假设人只是流水线上的一部分，认同人是社会中的人。此时组织既获得了机械效率，又回归对人的关照。第三阶段是战略竞争，把眼光从组织内部移到外部，形成企业战略。第四阶段是学习型组织，

组织学习成为企业发展与成长的非常重要的手段。学习型组织更能拥有超越变化的能力，更能获得成长机会。第五阶段是协同共生组织，与变化共处，与不确定性共生，接受变化，把变化变成机会。

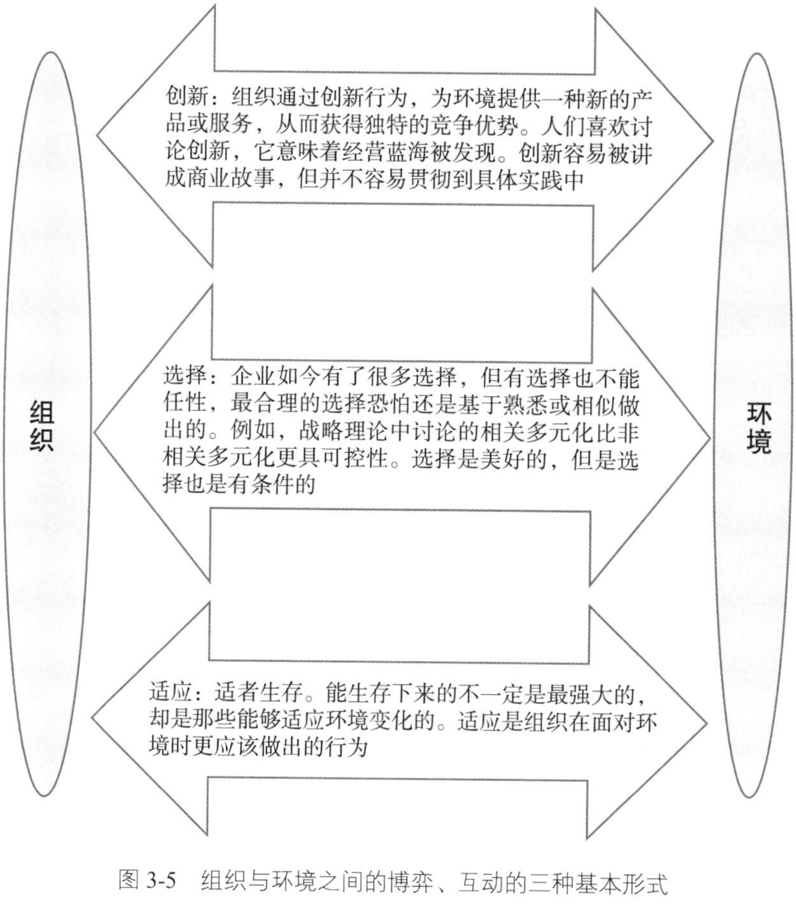

图 3-5　组织与环境之间的博弈、互动的三种基本形式

适者生存。对于如今的企业来说，经营风险大大增加，那么，

如何抵抗风险，更好地与变化共处？

抱团取暖——企业舰队的联合前进

互联网技术和数字技术给组织管理带来三个最根本的变化：一是效率不再源于分工，而源于协同；二是绩效的核心是激励创新，绩效不再是简单的考核；三是创立了一个全新的文化——互为主体、共创共生。过去几十年，企业外部边界越大，规模经济的优势越明显，效益也越好。随着企业竞争环境日益动态化，传统的推动企业成功的关键因素的作用已逐渐减弱，推动企业成功的关键因素演变为速度、柔性、整合和创新。企业更快速地响应顾客的需求，更关注流程。想有效应对外部环境的变化，企业的组织边界必须相应做出调整与突破。

企业间的边界变得越来越模糊。同行业或相关企业之间通过放下竞争、加强合作来抵御未知的风险，也就是"抱团取暖"。简单来说，这是企业之间形成的一种松散的联盟合作关系，是企业管理者躲避风险的权宜之计。

然而，在减少企业间的交易成本、增强经营的可预见性、提升企业应对不确定性的能力的同时，真正能成功抱团的企业又有多少？由于利益冲突、缺少互信，企业间的抱团取暖存在较大的不稳定性和易损性。

如果你是企业舰队的掌舵者，如何才能有效地抱团取暖、组建一支联合舰队呢？以下三个要素是让企业间的合作关系从松散走向紧密所必须思考的。

一是重新厘定角色。要对角色进行再认定，如果风格明显不同的组织希望实现协同，就必须弱化自己拥有的所谓"特色"。新的组织当然也有分工，但这个分工是在淡化个体过往角色的前提下进行的再分工。无论竞争对手过去是甲方还是乙方，企业都必须在集体生存的新前提下思考角色界定，这对已形成的思维定式发起了挑战。

二是更切实地贯彻无边界化。四位曾经帮助通用电气公司创造了无边界文化的管理专家敏锐洞察到未来组织的"无边界化"。企业不仅要打破企业内部及企业之间的水平边界、垂直边界，更重要的是打破横亘在组织与组织之间的外部边界，进一步追求信息、资源上的沟通与共享，打破牢固的组织边界之墙，实现更深度的协同合作。穿透组织间的壁垒，站在更宏观的高度巩固价值链，这种更大范围的相关领域的整合自然会给价值链上的每个积极参与者带来收益。此外，企业组织要更积极地融入整体价值链的建设。在旧有的模式下，每个企业的战略和计划是独立制订的，跨企业的信息分享和协同解决问题是受到限制的，资源的利用是低效的；在新的模式下，企业间的经营规划和业务规划是协调的，信息是广泛分享的，问题是协同解决的，资源的利用是更高效的。

三是交付信任。企业组织间的信任包括以契约与法律的威慑及理性分析经济利益为基础的计算型信任；在了解合作伙伴的协同能力与社会声誉的前提下建立的认知型信任；建构于心理层面，通过认同彼此的企业文化与价值观念实现的认同型信任。企业间的信任类型从计算型到认知型最终发展到认同型。合作共赢不应局限于精心算计，基于计算型信任和认知型信任形成的抱团是肤浅的。而在价值观念方面相互高度认同、拥有认同型信任的企业形成的"抱团"，会让企业有更长久与强大的生命力。

利他——打造生态协同进化的心理底色

稻盛和夫说过："利己则生，利他则久。"他在《六项精进》一书中也曾提出："积善行，思利他。"他在自己的经营哲学中坚持利他原则，并指出："帮助他人脱离困境，开始成长的善良是'大善'；迁就朋友的不合理要求，这是'小善'，你关爱和同情他的方式不对，是帮他的倒忙，让他越陷越深。"人们之所以助人为乐、对他人保持善良，不单纯是为了利他，更是为了通过这样的利他，完成真正的自立，利他是更高境界的利己，利他让人更能获得美好的人生。企业的"利他"何尝不是如此？正是在"利他"与"利己"之间的转换、博弈、互动中，企业也创造了社会价值。

事实上，如今很多企业都已主动或被动地进入宏大的整体生态系统。没有一个企业是孤零零的存在，它的发展势必与越来越多的相关企业密切关联。系统性地完成生态协同进化是企业组织发展的理想，但是要实现这个理想，最关键的是建立"利他"的企业理念，并使利他成为整个生态系统的心理底色。

"利他主义"（altruism）一词源于拉丁文"alter"，意为他人的，是一种在形式上与利己主义对立的主张。19世纪，哲学家孔德首先将"利他"这一概念引入伦理学体系。随后，利他主义开始在其他领域受到广泛关注并被赋予了众多定义，它使得个体与个体、个体与组织之间的关系是积极友善的。戴穆内斯·奥根在1983年提出了管理学理论新概念"组织公民行为"，包括尽职尽责、克己复礼、毫不抱怨等。从某种角度上看，这是西方管理思想在向东方传统文化致敬。

企业中，"利他"与"利己"的博弈无处不在、无时不在。显而易见的是，纯粹的利己和纯粹的利他都是难以存在的，无法获得持续发展。社会通常更接纳具有利他倾向的企业。但极度利他也会使企业难以为继，秉承着"毫不利己，专门利他"的理念行动，企业的经营反而会毫无效率。对于企业来说，这种过度利他本身就是不存在的。从现实的、可操作的角度来看，企业的经营应是"利他"与"利己"的辩证统一。利他是基于全局意识付出行动，是为了实现长远利益、稳定收益的暂时"牺牲"。在基于利他进行的"抱团取暖"中，每个组织都在超越自我心理，以更大的格局为生态系统中的其他组织着想，生态系统的协同进化才有了动力保障。

小结

　　组织起来才有力量。直接创造价值的直线部门与辅助参谋的职能部门良好协作，才能保障组织平稳发展。权力设置、分工协作既是组织职能的关键课题，也是影响组织效率的关键因素。集权和分权是组织设计的关键。现代组织的一个重要特点就是有明确的分工以及高效的协作。组织从来都是动态的，必须随环境进行调整。组织职能不仅体现在内部，还体现在更宏大的生态系统中，进入数字化时代和互联网时代，组织不可避免地需要更积极地融入整个生态系统，并与整个生态系统协同进化，这要求组织打破组织边界，强化利他理念。

Chapter 4

第四章 精准控制

企业是扩大产能追求发展，还是精益稳健、保障目标的实现；是沿着既定目标逐步推进，提前做好应急预案，将风险控制在合理的范围内，还是根据情况随机应变，采取积极的应对措施？扩张与紧缩的博弈随处可见，风险与机遇的角逐随时上演，答案不是非黑即白的，也并不唯一。作为企业管理者的你在面对一项任务时，如何有条不紊地将事前、事中、事后的各种控制环节把握妥当？如何通过认真总结经验教训并持续进行改进，让绩效螺旋式上升，让企业不断进步？读完本章，这些问题将被一一解答……

◇◇◇◇ 控制，让一切得以实现

企业在追求目标、经营成长的过程中，要考虑效率和效益，这需要企业进行缜密的设计和安排。而控制让追求目标时的组织行为有条不紊、灵活应变。

失控的成长

如何使人力资源与组织成长持续匹配？如果在黑板上画出一个不太美观的、两条腿不一样长的人来直观描述这种不匹配，你或许会提出如下建议：加大力度培训人才，提升员工素质以适应企业未来的发展；聘请有经验的外部职业经理人来弥补组织内部人才的匮乏；借助外部咨询公司的专业管理经验……总之，大多是要补齐那条较短的腿。

但很少有人问："能不能把那条较长的腿锯掉一部分？"做出这样的决策非常困难，尤其对于曾经因把握商机而获得成长的企业家而言，他们更有可能在判断和行为上走入误区。2020 年 3 月，海底捞宣布菜品涨价，涨幅一度高达 80%，消费者不买账，翻台率大幅下跌，最后公司发布道歉声明，试图以此平息市场的反应。2021 年，包括"疯狂扩张"在内的各种措施给海底捞带来的却是港股股价下跌超 70%。

与之相对的是，2022 年年初，经历了房地产行业巨大动荡的河南建业集团管理者表示："建业（集团）将进入战略巩固期，要做少、做小、做好。对于房企而言，赛道要少，不要追求规模增长，尽量不要开辟新的赛道，（小赛道）能关闭的关闭。"这或许是对的，放弃一些机会，牺牲一些眼前的商业利益，未必是坏事，舍就是得。

正如《大学》所说："知止而后有定，定而后能静，静而后能安，安而后能虑，虑而后能得。"你能控制好扩张的欲望吗？这是一个挑战，也可能是企业控制系统得以建立和运转的前提。欲速则不达，成长会带来控制方面的问题，为了追求成长而失去控制，这与组织的根本初衷相悖。

一般来说，管理学中的控制职能是指引导一个动态系统达成预定的状态。控制并不是监视每个人是否依照计划、命令及原则执行任务，而是按照既定的目标和标准，对组织活动进行监督、测量，发现组织实际活动与计划目标的偏差并分析原因，采取措施以确保计划目标的实现。

四步循环帮你解决控制过程

控制过程包括一个循环系统和不断往复的活动，具体有以下四个步骤（见图4-1）。

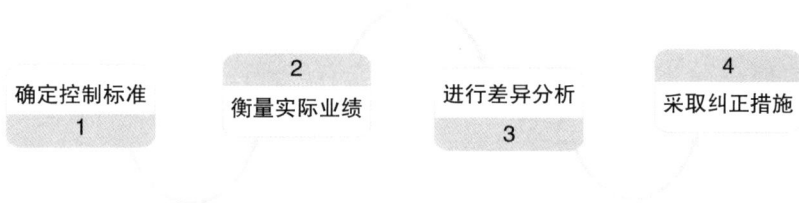

| 确定控制标准 1 | 衡量实际业绩 2 | 进行差异分析 3 | 采取纠正措施 4 |

图4-1　管理控制的循环过程

通过确定控制标准、衡量实际业绩、进行差异分析、采取纠正措施，企业能构建一个完整的控制系统，保障目标更有效地实现。

确定控制标准：标准作为评价的关键指标，应具有权威性。较理想的情况是以可衡量的目标直接作为标准，也可以将某个计划目标分解为一系列标准，例如将利润目标分解为销售额、成本、销售费用、资金成本等。在制造行业，工作程序以及各种定额也可以成为控制标准。

衡量实际业绩：作为工作量最大的一环，直接关系到控制措施的实施情况。这一步的基本要求包括以系统检查为主，全面了解和反映实际的工作业绩；定期且持续地进行衡量评估工作；建立如报告、报表、总结等制度；抓住关键点重点检查，提高针对性。

进行差异分析：及时发现脱离控制标准的偏差，找出原因。这时会出现顺差与逆差。顺差：最终状态优于控制标准，表明被控对象取得良好绩效，应及时总结经验，巩固绩效。若顺差过大，应对原控制目标或标准加以检查，看是否需要进行修订。逆差：最终状态劣于控制标准，此时必须准确、迅速地查明原因，为纠正逆差提供措施和信息。注意保持冷静客观、全面公正，抓住控制的重点和关键点，尽量做到主观和客观并举、原因和责任清晰，实事求是。

采取纠正措施：提出各种纠正偏差的行为措施，认真组织实施以达到有效控制的目的。具体步骤包括明确偏差的性质和产生偏差的原因；采取不同的措施；确定实施纠偏措施的部门和贯彻执行的方法步骤；逐项贯彻执行纠偏措施并及时监督检查。

"防患于未然"还是"亡羊补牢"？理解各种控制类型

根据纠偏措施的作用环节和时间的不同，控制类型可分以下三种（见表 4-1）。

表 4-1　管理控制的类型

控制类型	内涵或外延	特点或优点	备注
预先控制	也称前馈控制或事前控制，是指管理人员在工作正式开始前对工作中可能产生的偏差进行预测和估计，并采取预防措施	将注意力集中于行动的输入端，能否"防患于未然"，取决于对情况的观察、规律的掌握、信息的获得、趋势的分析以及对可能发生的问题的预估。它可以促使对系统有积极影响的因素出现，减少有消极影响的因素出现	计划以外的因素无法被完全排除，实际问题不可能在预先控制中完全被解决，这也是管理活动中需要现场控制和反馈控制的原因
现场控制	也称同期控制或实时控制，主要被基层管理人员所采用。组织需要赋予基层管理人员必要的权力和手段，使他们能够便宜行事	基层管理人员通过深入现场，亲自监督、检查、指导和控制下属的活动，如指导下属采取恰当的工作方法和工作过程；监督下属的工作情况；发现不符合标准的偏差时，立即采取纠正措施。控制标准来自计划工作所确定的活动目标和政策、规范、制度	其有效性取决于管理人员的个人素质、工作作风、指导方式以及下属对现场指导的理解程度。其中，言传身教具有很大作用，管理者的随意指挥，会给执行者带来不必要的干扰

控制类型	内涵或外延	特点或优点	备注
反馈控制	也称事后控制，它是最主要、最传统的控制方式。在一个时期的经营活动已经结束后，比较执行结果与控制标准，发现产生的偏差及产生原因，拟定纠正措施。它可被看作下一个计划周期的预先控制	通过不断总结，避免下一次活动中发生类似问题；及时消除偏差对后续活动过程的影响；通过总结经验教训，了解工作出现失误的原因，为下一步工作的正确开展提供依据；可以提供奖惩员工的依据	偏差自发生到发现再到纠正需要经历较长一段时间，这会对纠偏效果产生很大影响

在具体的管理实践中，上述三种控制类型一般会被融合使用。

六大控制方法，让你的控制过程事半功倍

斯蒂芬·罗宾斯曾说："尽管计划可以制订出来，组织结构可以调整得非常有效，员工的积极性也可以调动起来，但这仍然不能保证所有的行动都按照计划执行，不能保证管理者追求的目标一定能达到。"掌握以下几个比较常用的方法，会让你的控制工作事半功倍。

视察：通过视察了解一线工作状况，掌握第一手材料，与下

属面对面直接进行交流、获得启发，可以越级提拔优秀下级。

预算：用财务数字的形式描绘企业的未来计划，预估经营收入和现金流量，规定各方支出额度，是一种广泛使用的控制方法。预算本身是计划过程中的关键环节，也自然成为控制的标准。

统计资料：通过数字反映系统运营情况，客观记录组织的经营和发展。其常以图表形式直观呈现，尤其可以帮助管理者对未来趋势及相关关系进行判断。

报告：向负责计划工作的主管人员全面、系统地阐述计划的进展情况、存在问题及原因、采取的相应措施及产生的效果等。下属在报告时若能提供更翔实的数据和信息，管理者给予下属的反馈也会更全面。

审计：对经营活动中的财务运行状况进行独立的审查和评价，是对组织系统的运行进行控制、检查、考核的手段，也是为经济活动提供服务和保障的重要工作方法，可分为外部审计、内部审计和管理审计等。

财务分析：对财务预算和财务状况的变化进行控制，将企业的实际盈利情况与预期的财务目标进行对比，了解与企业偿债能力、盈利能力等有关的关键财务指标，如流动比率、速动比率、资产负债率、成本利润率等，发现问题并采取措施。

◇◇◇◇ 将风险控制在初始阶段

在病灶未起或初生时及时进行干预，可以避免病情发展甚至恶化，将可能发生的风险控制在一定的范围内。预先控制的原理也是如此，它的目标是将风险控制在初始阶段，这一直是管理者追求的目标。

居安思危：风险控制正当时

居安思危，就是要求管理者保持清醒的头脑，全面客观地分析形势，不仅看到组织的优势和市场环境中的机会，也看到组织的劣势与市场环境中的威胁，看到组织内外潜在的危险和不安定因素。任正非曾说："不经过挫折，就不知道如何走向正确道路。磨难是一笔财富，而我们没有经过磨难，这是我们最大的弱点。

我们完全没有适应不发展的心理准备与技能准备。"当管理者保持对经营的清醒认识，并诚心实意地将这种认识传达给员工时，公司就容易形成危机感和居安思危的精神。正如IBM前任总裁郭士纳所说："长期的成功只是在我们时时心怀恐惧时才可能，不要骄傲地回首让我们取得过往成功的战略，而是要明察什么将导致我们未来的没落。这样我们才能集中精力于未来的挑战，让我们保持虚心学习的渴望及足够的灵活。"

风险包含两个维度，一是严重程度（后果），二是可能性（概率）。管控风险不是杜绝风险，而是降低风险的严重程度，降低风险发生的可能性，尽量避免"黑天鹅"出现。比如，建筑与建筑的防火间距和防火墙阻止了火势蔓延；围堰和地沟能阻挡易燃液体流动；泄压阀降低了设备超压爆炸的风险；等等。

风险控制流程大致可以分为如下五个循序渐进、循环往复的步骤（见图4-2），包括考量效果、执行方案、制订方案、分析风险、识别风险。风险在有效的管理和控制下能持续不断地降低。

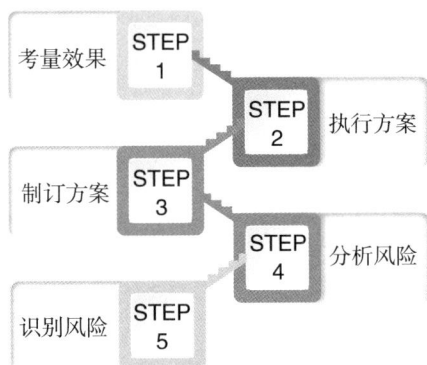

图 4-2 风险控制流程

管理者可以基于风险分析结果，提出风险解决方案。改善建议中通常会有优先级排序，关键在于把有限的资源投入于改善更严重、发生可能性更高的风险。根据项目的具体情况，找到风险和控制的平衡点，灵活把握尺度，提供经济有效、切实可行的风险解决方案，才是博弈的艺术。后续在制订整改行动方案时，要落实到具体部门或个人来跟踪整改进度甚至指导培训。

具体来说，如何更好地将风险控制在初始阶段呢？

对企业进行体检：组织诊断 ABC

很多企业每年都会安排一次员工体检。企业是否每年也应该进行一次体检？给企业体检可以被定义为组织诊断，即通过多种手段获取与企业运行有关的各方面信息。既然是诊断，那么应该由谁扮演医生这个角色呢？具体如表 4-2 所示。

表4-2　组织诊断及其优缺点

企业医生	来源	优点	缺点
咨询公司	企业从外部聘请至企业进行组织诊断	咨询公司掌握了调研的方法，也具备调研的经验，更具专业性	咨询公司有商务导向，以客户满意为原则，鉴于公司内部的因素，其诊断很难做到客观、公正。考虑到公司的业务，有时不可避免地会用诊断结果引申出下一个咨询合同
企业员工组成临时调研小组	由企业内部员工作为调查者组成临时调研小组，推动组织诊断	一是不用担心有关调研信息会泄露；二是组成方式较灵活，调查者将投入更多的时间和精力认真对待调查，也会受责任感和自豪感驱动；三是企业其实更重视由企业内部员工进行的调查，因为他们更了解公司；四是通过广泛而深入的调查，能够促进企业内部的交流	调研小组的成员都是从各个部门抽调上来、临时组成的，可能会在调查本部门时采取保守和偏袒的态度

如果想让企业内部员工进行的组织诊断更有效，在组建临时团队时，一要精心挑选调研者，他们应该有足够的研究水平，甚至之前做过类似的调研工作，或者让他们通过集中学习尽快获得相应能力；二要培训调研者，突出组织诊断的意义和价值，提示大家做到公平、公正。三要在组织诊断完成后，让调研小组形成

调查报告并给出改善建议。如果建议被采纳并且被证明有效，企业可以公开给予调研小组奖励，为下一次调研提供更强大的动力。

通常，组织诊断通过下列四种方式搜集相关的信息（见图4-3）。

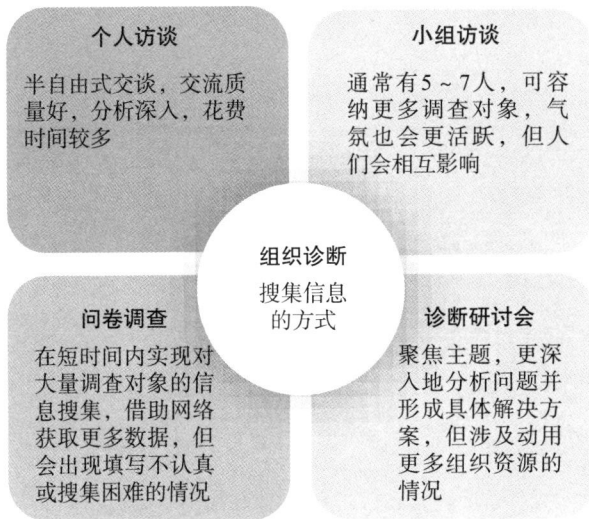

个人访谈

半自由式交谈，交流质量好，分析深入，花费时间较多

小组访谈

通常有5~7人，可容纳更多调查对象，气氛也会更活跃，但人们会相互影响

组织诊断 搜集信息的方式

问卷调查

在短时间内实现对大量调查对象的信息搜集，借助网络获取更多数据，但会出现填写不认真或搜集困难的情况

诊断研讨会

聚焦主题，更深入地分析问题并形成具体解决方案，但涉及动用更多组织资源的情况

图4-3 组织诊断搜集信息的方式

组织诊断就是运用多种方法，尽量对组织形成客观全面的认识。有预防意识并克服自欺心理，才是最有效的。除了为组织诊断临时建立的调查小组，企业还可以通过强化职能部门的预警功能，及时捕捉企业运行的细微信息并采取一些必要的措施，做到未雨绸缪，减少或控制损失。

先射击后瞄准

佩罗系统公司创始人罗斯·佩罗在某次分享成功经验时提到，"预备、发射、瞄准"是他一直秉持的原则。他的解释是：我们在做事的过程中，都是先发射，再瞄准，一边走一边打，不断修正。胡雪岩提出过"走一步，看一步"的经营智慧，认为不论多么深入、全面的思考，都不如开始行动更有效，先着手做再不断改善是更有智慧的做法，这一观点也与惠普公司的卡莉·菲奥莉娜的想法不谋而合。

1998 年，惠普公司当年营业额的增长率仅有 3%，而这一数字在 1997 年与 1996 年一度超过 30%，如此大幅度的业务衰退引发了行业的关注。惠普公司甚至对公司内所有中高层管理者进行了 5% 的减薪，惠普公司过去从未有过这种情况。时任惠普公司 CEO 的卡莉·菲奥莉娜认为，问题出在公司本身。惠普公司在过去几十年的发展过程中，一直以卓越的产品品质作为品牌标识，重视员工在企业决策过程中的参与度。然而在信息化时代，如果过于追求完美品质与内部共识，必然牺牲市场反应速度，在激烈的市场竞争中逐渐处于被动地位。

为此，她提出了著名的速度逻辑：先射击，后瞄准。产品不需要打磨到 100 分再推向市场，只要做到 80 分就可以推向市场，接受检验，在听取用户意见和需求的基础上不断更新、迭代产品。这样既给产品未来的更新留有余地，又能充分听取用户的意见，同时还提升了过去因为追求品质而丧失的市场反应速度。

如今，竞争环境的变化更快，当你纠结于"先射击"还是"先瞄准"时，要意识到，反应速度在极大程度上影响企业经营的成败，而"先射击，后瞄准"可以让企业迅速了解市场动态，看似盲目的行动可以帮助企业对未来更具掌控力。企业应坚持跟随环境的变化升级迭代，让"先射击，后瞄准"的反馈控制迅速成为对下一个任务循环的预先控制。值得注意的是，企业应"不打无把握之仗"，漫无目的地射击只能浪费弹药。"先射击，后瞄准"仍然是一种预先控制，是一种在特定条件下更积极的做法。在某种程度上，控制，就是从内心建立对经营的敬畏，谋定而后动，保障经营效益的最大化。

◇◇◇◇ 不仅执行，更要积极地执行

没有条件，创造条件也要上——计划就意味着执行

计划没有被执行或没有被执行到位，就意味着整个管理工作最终没有形成闭环。王进喜曾说："有条件要上，没有条件创造条件也要上。"这句话依然在很多场合中被人们使用，它也恰好说明了执行的两个层次：一般的执行和积极的执行。计划中的环境与执行环境常常有很大差异，面对复杂的实际情况，如果没有做出必要的变通，恐怕结果就会很不理想。这就需要企业管理者发挥主观能动性，通过积极的执行弥补计划的疏漏。想实现积极的执行，除了必要的激励手段，还要注意以下四点。

第一，执行者要更多地进行了解和参与，充分了解计划。执

行者（通常为普通员工）的意见如果能反映在计划中，执行者会更容易建立对计划的责任感。在责任感的驱动下，员工不仅能认真执行，还能主动进行扩展思考，心中也会有一个行动指南。当然，这并不是鼓励员工不经思考就发表建议，而是考验不同层级的管理者在决策一致性方面的默契。

第二，科学的授权必不可少。正所谓"不在其位，不谋其政"，权力也意味着责任。与责任感相对应的是责任扩散：当一个人遇到需要向他人施以援手的紧急情况时，见死不救或听之任之会让这个人产生内疚感；但如果当时有许多人在场，都在观望别人的行动，人们就可能产生一种"集体冷漠"，都不行动。工作中也有类似情况，因此如果实际情况超出了工作说明书所描述的范畴，为了避免责任扩散，企业必须在基础权力得到保障的前提下，赋予执行者更具弹性的权力。"赋能"的英文"empowerment"也有"授权"的意思。在不确定的环境下，更多的赋能是给执行者更大的权力空间，更好地保障积极的执行。

第三，有效沟通和常态化的沟通显得格外重要。在执行过程中保持沟通，对于执行来说更有积极意味。这样，一方面，上级对已做出的决策有了修正的机会；另一方面，下级也可以得到更多的资源上、心理上的支持。沟通中可以讨论如下问题：工作的进展情况如何？员工和团队是否在正确的达成目标和绩效的路上？如果有偏离方向的趋势，应采取什么样的行动扭转？哪些方面的工作进行情况良好？哪些方面的工作遇到了困难？要对工作目标和达成目标的行动做出哪些调整？上级管理人员可以采取哪些行动来支持员工？

第四，注意积极容错。为那些想成事、能成事、善成事的人提供积极的正向反馈，组织效率才会沿着正确的方向不断提升。在一次新年致辞中，时任华为轮值董事长的郭平说道："我们要宽容，要敢于试错，不要太追求完美。环境的复杂多变使得技术、商业、管理上的持续创新成为必须。在对不确定性的探索中，需要包容合理的试错成本，公司要有宽阔的胸怀来包容干部在业务不确定探索中的犯错。"

别把控制做过头，纠正员工的负面反应

管理控制并不是做得越严格、越极致就越好，过犹不及，物极必反。哪些情况会导致不适当的控制呢（见图 4-4）？

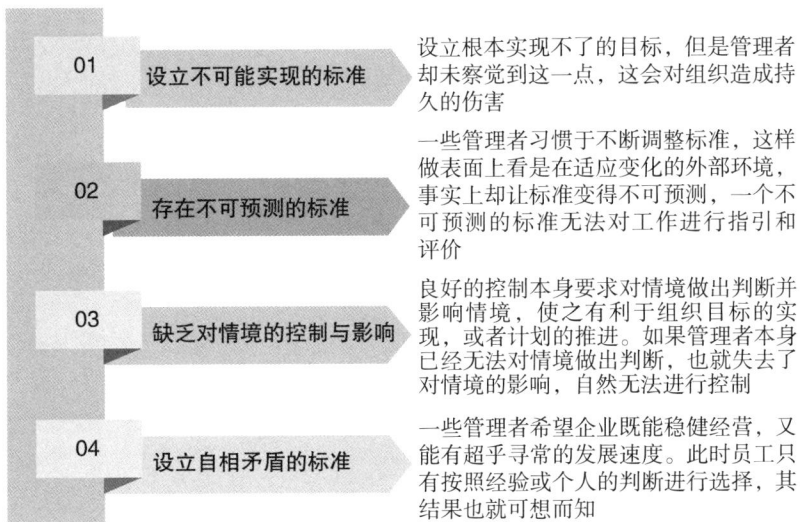

01	设立不可能实现的标准	设立根本实现不了的目标，但是管理者却未察觉到这一点，这会对组织造成持久的伤害
02	存在不可预测的标准	一些管理者习惯于不断调整标准，这样做表面上看是在适应变化的外部环境，事实上却让标准变得不可预测，一个不可预测的标准无法对工作进行指引和评价
03	缺乏对情境的控制与影响	良好的控制本身要求对情境做出判断并影响情境，使之有利于组织目标的实现，或者计划的推进。如果管理者本身已经无法对情境做出判断，也就失去了对情境的影响，自然无法进行控制
04	设立自相矛盾的标准	一些管理者希望企业既能稳健经营，又能有超乎寻常的发展速度。此时员工只有按照经验或个人的判断进行选择，其结果也就可想而知

图 4-4　不适当的控制

那么，员工对于控制的负面反应是怎样的，又该怎么应对？

如果想用绩效目标或预算迫使员工达到预算目标，管理者有可能会制订狭窄、短视的计划，只考虑眼下。实际上，管理者可以兼顾内在和外在的控制，设立绩效的目标与标准。

为了避免员工只站在自身的立场上接受管理和控制，不考虑企业的目标，可以在制定绩效标准时多包括一些对企业而言关键重要的指标，同时将员工的奖酬与企业的绩效挂钩。

如果员工过分重视成本和利润等短期因素，忽略了声誉及信用等长期因素，那么可以使用包含短期因素和长期因素的全面绩效标准。控制系统必须强调过程和结果，并且要特别关注过程及不容易进行定量的因素。

如果员工用隐瞒信息应对控制，如夸大预算需求，那么管理者可以着重于评估预算需求，使预算需求尽可能贴近市场，同时不要任意削减预算。管理者可以考虑使用一套更完善的标准，采用周期性的进程报告。注意，不要过分依赖报告，同时要对提供错误资料的行为给予处罚。

撬动四种控制杠杆，我的控制我做主

哈佛商学院企业管理系的罗伯特·西蒙斯教授长期专注于控制系统、组织设计及绩效管理的研究工作，他提出的四种控制杠杆理论对企业平衡控制和创新、充分利用市场机会很有帮助。控制提升组织运营效率，创新保障组织持续发展。控制杠杆的作用就是统一与协调组织、战略和人的行为。人有五种需求，而组织可能阻碍或影响需求的实现，需要沟通核心价值，明确要规避的风险，认识到战略不确定性，建立关键绩效指标，由此推导出实现组织目标的四种控制杠杆：信念系统、边界系统、诊断控制系统和互动控制系统（见图4-5）。

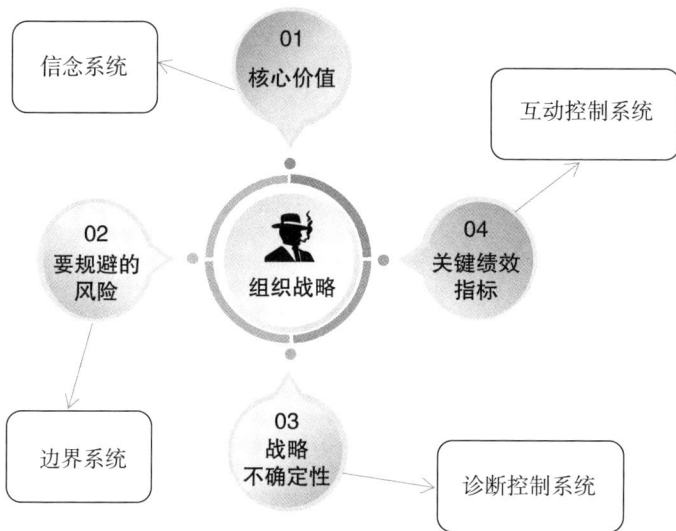

图 4-5　实现组织目标的四种控制杠杆

信念系统：明确的组织定义，为组织提供基本价值、目标和方向。它具有三个特征：正式、基于信息形式、用于激励和指导组织搜索与发现机会，它解决"组织是什么、为什么"的问题，为组织活动指明方向。

边界系统：界定组织参与人的行为边界，是组织中的人能拥有行为自由并进行创新的前提。它包括两点：一是商业行为规范，如行业协会规定、行业相关法律等；二是企业战略规划中设定的边界，如哪些是可以进入的领域以及进入的方式。信念系统指明方向（承诺），边界系统界定范围（惩罚），二者共同对机会进行裁剪，将组织中的人的注意力聚焦在有限区域内。陕西春尚四季投资控股集团（以下简称四季集团）踏实耕耘、整合发展，十几年间，董事长李虎不仅将其打造成涵盖餐饮、文化旅游、现代农业、健康服务等业务领域的复合型产业集团，还涉足旅游观光、园林绿化工程等领域。他聚焦产业融合，打造健康产业生态体系，稳健的投资探索获得了行业和市场的认可。面对不断扩大的商业版图，李虎却在某种程度上"反其道而行之"。他说："大有大的难处，小有小的乐趣。企业发展开拓到一定程度，慢慢积淀下来可能会有一定程度的收缩，这其实是有益的新陈代谢。从多元化到精细化的耕耘，是对质量、品质更进一步的追求，更加细致、精准地去把握从微观项目到宏观发展战略等各层面的问题。更加快乐、从容地把细节打造得更美、更完善。"例如，特色小镇项目区将围绕体育运动、康养、旅游、休闲娱乐等，匹配相关的基础设施和特色项目，进一步提升游客体验的满意度。

诊断控制系统：产出控制、绩效控制、结果控制等。使用这一系统有三个先决条件：管理过程的产出是可以度量的，存在预设的评判实际结果的标准，可以对偏离目标的结果采取相应纠正措施。满足这三个先决条件，则可以根据既定目标，监测生产或服务的过程，不断纠正偏离部分，以实现既定的目标。其中，核心是关键绩效指标，罗伯特·卡普兰和戴维·诺顿提出的平衡记分卡将关键绩效指标划分为财务指标、客户指标、内部流程指标、学习与成长指标。诊断控制系统是目标设定、资源分配、协同、早期预警和商业评价等一系列活动的集合。

互动控制系统：追踪不确定性因素，注重持续变化的信息，考虑潜在战略，时刻保持清醒，使用交互控制系统来学习战略的不确定性并产生新的行动计划。

组织战略之所以成功，原因在于综合使用四种控制杠杆，管理者大部分综合采用多种控制杠杆，并遵循以下行动过程：克服组织惰性，沟通新的议程，建立实施节点和目标，通过激励保证管理投入的持续，关注战略不确定性。控制的关键在于将创新和对预期目标的追求转换为增长，即在有效的组织内同时实现高效学习和有序控制。

◇◇◇◇ 有关复盘，你可能不知道的

"复盘"一词本是围棋领域的术语，是指"对局完毕后，复演该盘棋的记录，以检查对局中招法的优劣与得失关键。一般用来自学，或请高手给予指导分析，可以用于加深对这盘对弈的印象，也可以用于找出双方攻守的漏洞，是提高自身水平的好方法"。而在管理领域，一般来说，复盘包括四个步骤（见图 4-6）。

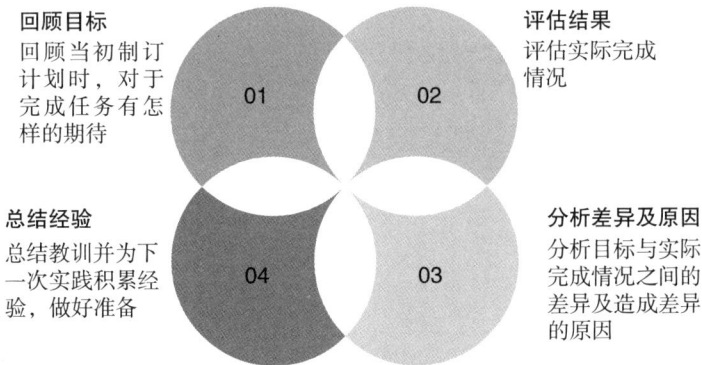

回顾目标
回顾当初制订计划时，对于完成任务有怎样的期待

01

评估结果
评估实际完成情况

02

总结经验
总结教训并为下一次实践积累经验，做好准备

04

分析差异及原因
分析目标与实际完成情况之间的差异及造成差异的原因

03

图 4-6　复盘的步骤

第四章　精准控制

对于个体来说，复盘可以改善认知，纠正错误的行为，强化正确的行为；对于组织来说，复盘有助于不断积累经验、知识、能力并形成记忆，有助于组织的成熟和未来的成长。从控制的角度看，复盘属于典型的反馈控制，它通过具有强制性的总结学习活动，在组织内形成不断学习与改进的氛围，形成自学机制，保障组织能不断成长。为了使复盘发挥应有的作用而不仅是一种形式，管理者需要在复盘流程的基础上进一步有所思考。

值得注意的是，复盘的结论不一定是正确的。复盘的结论通常表现为一些判断，但这并不意味着它一定是正确的。就像面对同样的老师、同样的教材，学生可能会有不同的成绩一样。复盘得出的结论通常有一些附加条件，后来者在研习前人的复盘结论时，最好保持一种谨慎的态度，全面否定固然不正确，但全面接受也有很大的风险。

如何有效复盘

有意识地复盘是典型的刻意学习，是提高组织效率的重要途径。只有建立了明确的因果关系，才能更有针对性地提出改善行为的方法。管理者应当更关注内部归因，比如思考"自己的应对有什么不妥之处"等问题，以"反求诸己"作为复盘的群体心理底色，这样管理者群体才会更和谐，不因指责而互生嫌隙。

重要的是通过复盘找到更有效的方法实现突破，引入更高级的知识，否则复盘也只是在原地转圈。只有从更高的维度来认识问题，才能让解决问题的方法更有效率，让组织呈螺旋式上升。邀请那些非常熟悉相关项目的专家或同事参与复盘十分关键，借鉴间接经验能让复盘更有效率。例如，借助外部知识机构或顾问进行专题引导不仅能开阔视野，同时也能丰富解决问题的方法；邀请跨部门、跨职能的同事一同参与复盘，能收到外部给予的一些意见；还可以通过相关书籍推动复盘。

注重调校复盘的基准。复盘需要抽象思维、真正解决问题、讲究效率，复盘的根本目的是推动组织学习，实现经验迭代，沉淀出有益的组织记忆，让组织能在变化的环境下更成熟。组织记忆，即"由组织的历史存储的，用于影响目前决策的信息"，通过组织文化、行为惯例、工作流程和实际物品可以把组织记忆具体化，组织记忆形成的路标可以作为成长的参考。

◇◇◇◇ 每天精进一点点

　　控制和赋能一直是一对互相博弈、互相成就的朋友。管理的复杂性和员工激励的重要性催生了赋能理论，它强调下放权力、自主决策，然而有效的赋能离不开控制。赋能的本质是去掉不必要的标准，让决策者对结果负责，即基于产出进行激励和管理。这要求组织一方面通过信念系统和边界系统明确规定企业战略的领域，另一方面通过互动控制系统和诊断控制系统提高自主决策者的环境感知力和战略执行力，使员工在行为边界内发挥最大的创造性，实现组织价值的提升。此外，内部控制必不可少，以此保证企业有章可循、诚实守信，防止组织价值被腐蚀，出现具有道德风险的行为。在有效控制的基础上，持续改进的组织价值会慢慢浮现。如果人们能不断思考如何把那些司空见惯的事情做得更好，企业的业绩就会缓慢提升，这就是从优秀到卓越。

持续改善

持续改善这一管理理念由日本质量管理专家今井正明在《改善》一书中提出，是指从高层的管理部门、管理人员到员工"逐渐、连续地增加改善"。它甚至成为一种生活理念：只要不断进步，我们就可以拥有更美好的人生。1.01 的 365 次方等于 37.8，而 0.99 的 365 次方等于 0.03。每天进步一点点，累积下来会有显著的进步；每天退步一点点，累积下来就是巨大的失败。

持续改善的思想植根于员工的智慧，管理者要发挥员工的智慧，将他们在工作过程中的感悟发展成组织的智慧，并通过持续改善将闪现的智慧变成一种新的行为习惯。这些点滴的学习会提升工作效率，优化工作程序，提升客户满意度。持续改善是温和的组织变革，它能让组织的发展更顺滑，避免组织经受巨大的波浪和痛苦。持续改善是在组织的引导下，从一线员工开始的。处于一线的员工知道市场发生了什么，客户需要什么；知道生产工艺和质量的改进方向；知道组织的哪些管理制度是有效的。忽略一线员工的智慧，对组织而言是一种浪费。持续改善的根本在于重视企业内部员工的智慧，它是基于团队展开的学习活动，团队可以通过共享知识和经验持续改善，团队成员需要保持开放的、相互欣赏的心态。持续改善是即时的，通常会发生在工作不理想的地方，因为在任务刚刚结束时，我们更最强烈的修正欲望。持续改善可以直接带来现场控制，带来新的行为、想法、执行的环境，无论在时间上还是在空间上反应速度都更快。它需要持之以恒，是克服浮躁与激进的好方法。当整个组织开始以学习的姿态整理组织的各个流程时，组织就会更精致。它虽然不会立刻给组织带来焕然一新的感觉，却会使组织更沉着。

精进：向卓越迈进

"精进"一词由"精"和"进"两个字组成，"精"即专精，是去除杂质后提炼出的优质的东西；"进"即上进，即前进。"精进"的字面意思即"专一地上进"。在演变过程中，"精进"发展出继承、创新、超越之义，而在创新、超越过程中还应海纳百川、博采众长。张謇曾对"精进"的概念进行了拓展，他认为"精进"就是保持纯诚恢宏、永不满足，不懈地超越奋进的意志。企业拥有这种意志才能实现目标。回顾"精进"一词的演变过程，可以发现精进既包括对过往的继承，又包括通过永不满足地学习与创新实现对过去的超越。日本企业家稻盛和夫出版过一本名为《六项精进》的书，书中提出"六项精进"的概念（见图4-7）。

稻盛和夫认为："如果我们每天都能持续实践这六项精进，我们的人生必将更加美好，甚至超乎我们自己的想象。我自己的人生就是如此。"对企业来说，精进就意味着永怀进步之心，绝不满足于目前的成就，以无畏的勇气迎接改变。在精进的驱动下，个体在不断提升中蜕化、优化，变得更加卓越。近些年来，人们常说的工匠精神正是精进的鲜活表现。

图 4-7　稻盛和夫提出的"六项精进"

　　天津桂发祥的麻花正是工匠精神的典型例子之一。看似简单的麻花，其实很有讲究：整体周正匀称，拧花分明，每节都呈现出葫芦的样子；底部仿若"宝瓶座"，上部如同"石榴嘴"。完美的桂发祥十八街麻花，每一根都是拧出来的艺术品。桂发祥麻花的手艺开创者是一个名为刘老八的普通工匠。一次偶然的机会，因为手边剩下的面不多了，刘老八将一千克的带馅点心面和在一起，把点心馅包裹在中间放进锅里炸，炸出来的成品让刘老八惊讶万分，口感独特，更好吃了！刘老八自此不停研究夹馅麻花的配方，通过和不同的顾客交流，了解大家的需求，并在馅料里加上桂花、闽姜、桃仁、瓜条、青红丝等十几种小料，不断尝试面粉特性和气候变化对于口感的影响，加上手摸、眼看、鼻闻等方法，运用各种传统工艺技能。经过探索和改进，麻花馅儿越来越丰富，味道越来越可口，在天津独树一帜，广受欢迎。

与"精进"所推崇的理念高度一致的，就是动态能力理论提出的"刻意学习"的概念。为了从根本上提升学习效率，持续保持竞争优势并改变自身惯例，在未来成功完成同类任务，组织需要在目标导向下，有意识地在认知方面有所投入和努力。刻意学习强调带着明确的意图，在活动中创造、获取和转移知识，这样就能更有效率地生成相应能力或实现相关能力的跃迁，完成实质性的认知提升。职场中有些人虽然工作了十年，但未必有十年的经验；有些人虽然工作时间不长，但积累了丰富的心得。正是因为刻意的学习和练习才能带来真正的提高。

追求卓越既是一个企业秉持"精进"理念不断持续改进的生

动体现，也是其在不确定环境下积极应对的生动体现。一个企业能够从优秀到卓越，不是偶然或巧合，这不仅需要企业自上而下不断地对整个过程进行反思与优化，更需要企业将刻意学习融入组织传统。正所谓"不积跬步无以至千里"，进步来自点滴改善的积累。只要认准方向，永不停歇，企业就一定能够实现"止于至善"的美好境界。

小结

控制职能有两个主要目的：一是维持现计划，也就是通过控制，随时将计划的执行结果与标准相比较，一旦发现偏差产生，及时采取纠正措施，以保持系统维持既定状态，实现组织的目标；二是打破现有计划，不断变化的外部环境对组织提出新的要求，管理者要变革创新。管理者通过确定新的目标和控制标准，引导系统状态，使之变为一种新的、更合理的、更先进的预期状态。对于如今的企业来说，第二个目的更迫切，这要求控制职能除了保障实际情况按照计划有条不紊地执行，更重要的是通过对整个执行过程的控制，让组织不断改进、持续进步。控制的根本目的不是约束，而是让整个组织运转得更有机。

第五章 从管理力到领导力

谈到"领导力"，历史上和现实中各种类型的领导者给"领导力"一词蒙上了多样的色彩。不过，现实中的管理实践还需要对"领导力"进行理性把握，并使它成为更多人能运用的基本技能。究竟什么才是合格的领导行为？如何从管理力到领导力，实现鞭策、驱动、感染、鼓舞的升级？人人都希望自己做主，不甘心被"管理"牵着鼻子走。那么，怎样应对"管理力"与"领导力"之间的博弈与互动？让我们开始对领导力的探索！

◇◇◇◇ "领导"是一门艺术

古今中外，人们心中对于优秀领导者有不同的认识和判断标准。领导者不仅各有风采，而且在很多方面简直大相径庭。"领导力"也常常被认为是不可捉摸的，它在貌似玄妙的感性探究与精细客观的理性操作之间的博弈和互动中，渐渐褪去神秘面纱……

领导者应该做些什么

实践中领导者表现出来的行为丰富多彩，以下四类行为却是领导者的共同点：**确立愿景，团结下属，沟通交流，跟进激励**。

确立愿景："众人拾柴火焰高"的状态正是企业领导者强调愿景得到的结果。先有伟大的愿景，后有伟大的成就。只有伟大的愿景才能激发组织成员内心深处最强大、最持久的动力。20 年代

80年代末开始，IBM对技术变革的反应开始变得迟缓，直到郭士纳出任CEO并招揽人才，高级营销副总裁科恩斯塔姆立刻推行改革："电子商务是IBM的焦点。"她确立的愿景为团队成员指明方向、建立信心。电子商务将IBM从落后转成领先，但其实这一说法并没有对它的系列产品或服务做出任何实质性改变。愿景是对组织未来发展的描述，是非理性的，是来自个人或团队内心的向往和对未来的承诺。它所呈现的图景有一点夸张、不近常理，甚至过于理想，但体现着企业追求卓越的态度。领导者应站在更长远的视角审视企业的发展，本着严肃的态度思考并建立愿景，将它解释清楚并不厌其烦地宣传它，把它传达给团队成员，催人奋进。

团结下属：明确的、激动人心的愿景使人们愿意投身组织，领导者的人格魅力则会使人们感觉团结在其周围才有可能实现心中描绘的未来，公平、善意的组织氛围也能帮助领导者团结下属。霍华德·舒尔茨曾向星巴克员工发布声明，其中写道："我热爱这家公司……我知道你们很担心，但我们能在半路相遇，我保证不会让你们失望，我保证绝不会丢下任何一个人。"他开始做一些能表明他重视团队的事情，他将星巴克的员工称作"合伙人"，并且用其经营公司的方式证明了这一说法。他创建了一个涵盖所有人的健康计划，连兼职人员也被包括在内。他阐明了公司的使命，并建立起小时工也能要求管理层对其负责的体系。即便是每周工作 20 小时、负责制作卡布奇诺的小时工，也能购买公司的股票。他努力打造一个让员工能感到有尊严、被尊重的工作场所。"财散人聚，财聚人散"，领导者只要在物质方面更慷慨一些，就能团结更多人，那些对自身利益斤斤计较的领导者是不可能聚合人心的。

沟通交流：团结就需要沟通。乔丹退役后成为奇才队的股东，不久就穿上 23 号球衣参与球队训练了。他的前队友指出："一踏进体育馆，他就开始'废话连篇'，训练强度不知不觉就上去了。他展现自己的本色。训练课变得充满活力又富有乐趣。"乔丹回应："我们每天都应期待这样的场面，我告诉他们，他们不该等我来展示他们的魅力。我只是试着让他们集中注意力，向他们发起挑战，说我该说的话。如果他们能用心与我比赛，就能用心迎战任何队伍。"沟通由两个部分构成：一是信息传递，二是被沟通者产生了沟通者预期的行为。信息交流是手段，沟通的根本目的是产生预期的行为。对方为什么会产生行为？行为可以带来好处。在商业活动中，之所以没有产生行动，通常是因为付出与回报不成正比。因此与其把重点放在一些信息传递的技巧上，例如演讲、倾听、PPT 制作等，不如重视对沟通本质的思考。任你说得天花乱坠，如果没有真正带来让人满意的回报，对方是不会产生行动的。判断沟通是否有效的根本标准是对方是否产生了预期的行为。

跟进激励：组织成员的状态往往随情绪变化起伏，如果个体的情绪是积极、正向的，他就更有可能创造出优秀的业绩。一个优秀的领导者在任务执行过程中通过跟进激励，通过对下属情绪的主动干预来调节他们的行为，弥补绩效偏差，让任务执行走上正轨。

领导者该有哪些基本素质

从领导者顺利履行职责的角度看，一个领导者应该具备的基本素质包括**目标导向、关心下属、精益求精和情商塑造**。

目标导向的领导者会以是否有利于目标的达成作为决策及判断的标准，摆脱情绪波动的束缚，更聚焦于理性的思维。关心下属则是领导者应具备的基本素质。积极建设与下属的关系，赢得他们发自内心的敬重，能帮助领导者更好地团结下属。精益求精的领导者会使整个团队表现出三种状态。一是对待组织的目标严肃、认真。没有严格的制度要求，团队就会涣散。二是对组织高度投入，当领导者追求卓越时，每个人都会从自己的角度考虑如何工作得更加出色。三是团队氛围积极向上。精益求精会让团队不断追求卓越，成就积极向上的组织氛围和团队能量。至于情商塑造，情商指一个人在情绪、意志、耐受挫折等方面的品质。《纽约时报》专栏作者丹尼尔·戈尔曼在《情商》一书中构建出情商体系，包括自我认知、自我控制、自我激励、移情和处理人际关系。一个人的成功更多地受个体的情商影响。一个高情商的领导者更善于处理组织内的人际关系，也更能在领导中表现出人性化，这自然会给团队成员带来更积极的感受。

领导其实是一个系统

梳理了领导者各种优秀的素质和能力后，你也许会有一个疑问：只要领导者是优秀的，领导效能就一定可以得到保障吗？有些非常优秀的领导者在换了一个工作场景后，可能会把队伍带领得一塌糊涂；而有些在领导方面带着明显缺陷的领导者却能带来巨大的成功。

20 世纪 60 年代诞生的领导情景理论认为，有效的领导行为不只取决于领导者不变的特质和行为，而是取决于领导者、被领导者和环境三者的组合关系，即领导行为的有效性是由领导者、被领导者及环境这三项变量构成的函数。这里不妨更进一步细化领导者与被领导者之间的影响，将领导系统细分为四个基本要素：领导者、被领导者、影响、环境（见图 5-1）。

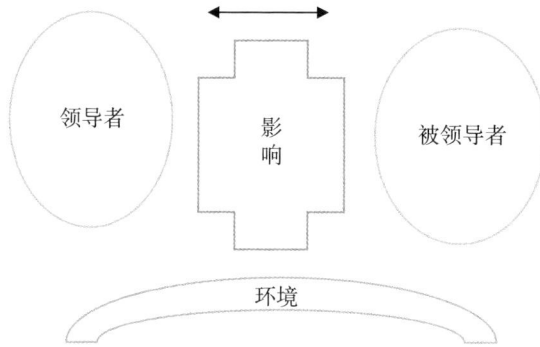

图 5-1　领导系统基本模型

　　领导者：起决定性作用，也是领导系统中的主体。关于领导者，焦点依然在于两个问题：一是领导者行为；二是领导者素质。

　　被领导者：最不应该被忽略但经常被忽略的领导系统的关键要素。一个领导者的成功在很大程度上是因为他拥有一支优秀的被领导者队伍。被领导者与领导者关系的远近、对目标任务的理解和接受程度、对领导者的支持程度，以及自身的成熟程度，都直接影响最终的领导效能。领导者和被领导者的角色是相对的。一个人在一个场合是领导者，在另一个场合可能是被领导者，他需要很好地在二者之间进行切换，否则可能就会给他的上级领导留下不好的印象。

　　影响：被领导者在领导者的影响下发生行为。领导者居于更有力的影响地位。值得注意的是，当今和未来的领导者在权力构成方面与过往大不相同，随着环境及被领导者发生了很大的变化，领导者必须清晰了解自身权力重心的转移。

环境：只有当环境与领导行为相得益彰时，领导效能才能得到更大程度的保障。环境包括企业的物理环境，例如办公条件等，但更重要的是领导者与被领导者之间的心理环境，其中的关键就是人际间的信任。若领导者有意识地建设和经营信任，会为领导效能奠定扎实的基础。

以上四个基本要素共同构成了领导系统。系统的有效性不由单一的某个要素所决定，而取决于系统中的每一个要素。对领导现象进行解构，为领导力的理性优化提供了线索。领导力并不神秘，管理中的领导职能是可以回归理性的。

◇◇◇◇ 优秀的追随者成就优秀的领导者

　　管理大师彼得·德鲁克认为"领导者的唯一定义就是有追随者的人"。领导者并不需要有样样过人的才能，关键是能影响被领导者，并让他们投入实现目标的过程。被领导者从被动被管理，到主动追随，成为追随者，领导者与追随者不再是简单的管理与被管理的机械关系，而是更有激情和正能量的追随关系，不论这种追随是事业追随还是精神追随。正是因为有了优秀的追随者，领导者才真正优秀起来。

人们为什么不追随了

　　在印刷术被广泛使用前，知识的口耳相传以及由此潜移默化产生的行为都是通过人际追随实现的。进入21世纪，互联网技术改变了人们获取知识和能力的方式，更进一步推动了社会的深层变化，这些变化又都直接或间接地影响着管理行为。互联网提供的知识共享平台正在发挥"导师"的作用。伴随社会不断变化，传统价值观和社会规范渐渐受到挑战，基于传统价值观形成的领导追随关系很难延续到正在成为工作主体的新生代上。在组织层面，如果企业本身提供的薪酬、个人发展路径等缺乏吸引力，单凭领导者的个人魅力，并不足以激发员工的长期追随。让员工更愿意深度参与工作的，一定是其对企业愿景的高度认同。

同时，不确定性和竞争所造成的生存压力让领导者更倾向于建设短期人际关系，这会导致追随具有短暂性，甚至成为一种交易或权宜之计。在业绩压力下，领导者不得不将更多的注意力放在工作任务上，这大大弱化了对人的关心，从而导致员工的追随度下降。此外，此前有很多追随是在一种信息不对称的状态下获得的认可。而今天，信息更丰富、更容易获取，人们更倾向于表达自己，追求自我实现和个体价值，而不是欣赏他人；追求自己的目标而不是盲目认同他人的目标，有些人会对他人更挑剔，这些会削弱追随力。

可见，一方面，社会变化、组织理念、领导者的具体行为都在削弱追随力；另一方面，来自经营的压力又让今天的领导者比以往更迫切地需要下属的追随。那么，模范追随者是怎样的？

模范追随者素描

管理者可以通过追随者的状态来判断追随力，对此，西方学者芭芭拉·凯勒曼（Barbara Kellerman）提供了一个简单模型。这个模型只有一个变量，那就是人们常说的参与度。根据参与度的不同，追随者可以被分为隔离者、旁观者、参与者、积极参与者和死党（见图5-2）。

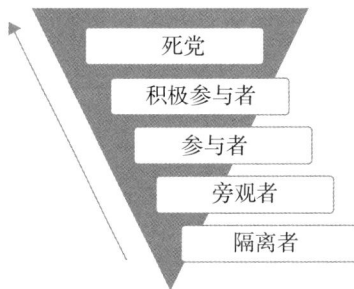

图 5-2　参与度不同的追随者

处于最低层次的隔离者准备随时离开组织，对组织工作漠不关心，只是机械地完成任务；略好一些的旁观者不参加领导者及其群体的活动，表现出一种貌似中立的状态；再好一些的参与者表现出对领导者的喜爱，愿意参与领导者主导的活动，表达观点并配合他人；更高一层的积极参与者则密切关注领导者并采取相应的行动，他们态度热切、精力充沛、努力工作、毫不抱怨；最高层次的是死党，他们深深致力于辅佐领导者，会为目标做出巨大努力和奉献，领导者及其目标成为其判断事情的标准。

不是每个人都能成为模范追随者，大部分人只是下属和被管理者而已。从工作层面来看，模范追随者表现为专注于领导者的目标或领导者为其设定的目标，他们在与目标有关的关键任务方面有出色表现。从组织层面来看，模范追随者表现为试图成为一个优秀的团队成员，他们能建立积极的群体关系，积极与团队成员合作。"他们不需要别人告诉他们怎么做，自己就会充满智慧、独立又有勇气、带着强烈信念地投入工作"，表现出积极的工作态度和对工作压力的超常承受能力。由于对组织和领导者怀有信念，模范追随者常会有异于常人的表现。

一个个体从最初的懵懵懂懂到认可组织，再到高度参与组织活动、成为一名追随者，需要一个长期的过程。透过对模范追随者的认识，领导者在打造组织追随力方面也就有了更清晰的方向。

如何提升追随力

员工的追随力常常针对领导者而非组织。下面，我们基于组织的追随力，从组织的角度来建立并影响员工的追随力。员工通过领导者表现出对组织的高度参与和积极追随。具体而言，提升追随力有三个步骤（见图 5-3）。

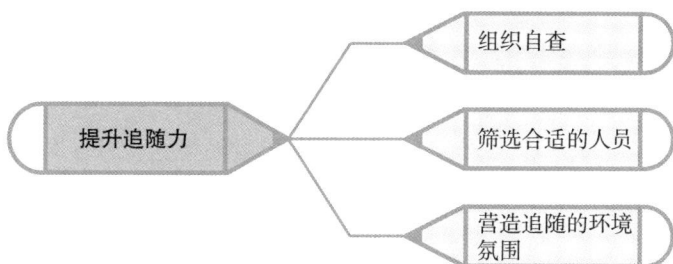

图 5-3　提升追随力三步骤

第一步，组织自查。企业品牌、形象、知名度、高层领导者的市场影响力等都会影响个体对组织的选择。企业要自查是否具备提升员工追随力的基础。这包括两个基础工作。一是自查企业是否确立了发展愿景，以及这个愿景是否远大、高尚，这个愿景的实现能否为组织成员带来物质上和精神上的收益。在 2017 年华为成立 30 周年之际，彼时没有庆典，一切如常。在华为，你可以理解什么是"所有成功，皆为序曲"，华为拥有一种超出人们想象的成长力，将个体成长与企业目标完全结合在一起，共同面向未来，而非满足于过去的成功。二是自查企业能否为员工提供学习成长的空间和可能，即企业对于员工是否制订了明确的职业发展计划。是否建立了相关的培训计划来支持员工的职业发展？员工能否有一定的自主权重新确定目标？企业是否可以为员工提供多种职业发展路径？这两个基础工作代表着企业对员工的认真承诺。很难想象，一个没有认真规划未来方向的企业能建设出稳定的、具有较高追随力的员工队伍。

第二步，筛选合适的人员。筛选流程需要更加严格，在人员选聘标准方面，要考虑应聘者与其未来领导的适配性，尽量从领导效能的角度出发来筛选。可以邀请未来用人部门的领导者直接参与招聘，他们更容易把握应聘者的状态，也能通过招聘展示自身魅力，赢得应聘者的好感，夯实追随者的人际心理基础。另外，筛选环节可以相对严格，通过严谨步骤筛选出的人员对来之不易的工作会更投入，表现出更大归属感。

第三步，营造追随的环境氛围。这离不开企业文化的感染，如果有一个人表现为模范追随者，他的言谈举止清楚地对他人传递出他为什么积极追随，同时企业对这位模范追随者给予了不同寻常的待遇，这就会形成良好的示范效应；反之，则会对组织内的其他员工产生强烈的负面影响。企业文化在营造追随氛围方面有非常重要的作用，企业可以有意识地赋予模范追随者的代表人物极高的礼遇，这样就会有更多的组织成员表现出类似的追随，企业文化所营造的氛围会为追随奠定深厚的基础，在更大程度上感染组织成员。

◇◇◇◇ 别人为什么要听你的

　　工作环境在快速变化，新一代的被领导者也在迅速发展，企业组织与企业领导者面临着巨大挑战。影响力在与时代、环境、被领导者互动博弈的过程中，也经历着巨大的变化与复杂的考验。作为领导者，如何在建立威信与激发潜能之间游刃有余，如何在兼顾奖罚分明与提升个人魅力的同时促进企业效能，究竟使用哪种工具、哪种权力去影响下属才对实现组织目标更有益？影响力也可以被理解为权力，使用它时不能任性，需要将其与具体情境密切结合。接下来，让我们先来看看影响力从何而来……

建立威信：影响力的五个来源

　　思考影响力时，我们要回答"对方为什么会听从于你"这个问题。根据组织行为学相关理论，影响力可以被解构成五个部分，即领导者影响力的五个来源（见表5-1）。

表5-1　领导者影响力的五个来源

影响力的五个来源	解　释	备　注
法定权	在正式组织中，居于某一地位的个人所拥有的权力。由组织赋予，带有一定法定性质。例如，总监听总经理的指令，低级别领导者要听高级别领导者的指令	由社会规范和传统观念决定。领导者在组织中的地位越高，拥有的法定权的影响力也就越大
奖励权	通过奖励对他人施加影响。凡是手中握有能满足别人需要的物质和非物质手段的人，都具有这类影响力。人们为了获得奖励愿意接受其影响	直接与员工自身利益关联，可能是物质的，如工资、奖金；也可能是非物质的，如表扬、晋升
惩罚权	建立在惧怕的基础上，人们因害怕被惩罚而顺从。通常与奖励权相互作用，以修正或塑造人们的行为	被领导者如果因害怕被惩罚而顺从，那么这种顺从通常是表面的、暂时的，其内心不一定接受，甚至有抵触情绪
专长权	拥有相关的知识、技能和才干，是特定领域的"专家"，会获得他人的信赖、尊敬和信服，下属也更愿意支持这类人成为他们的领导者	温和的、积极的、向上的，能够给下属直接的指导，助其成长，它所带来的行为动力也更积极
魅力权	领导者在与他人的交往中，通过表现出一种或多种优良品德，在被领导者心中建立个人魅力。一位品德优良的领导者不仅能赢得人们的敬佩，而且也会让人们愿意接近他，成为他的"粉丝"	敬佩就是一种甘愿接受对方影响的心理倾向。比如，英雄模范人物宣传某事或某物时效果更好，这主要是因为其具有良好的品质因素

法定权、奖励权、惩罚权、专长权、魅力权共同构成了领导者的权力。根据影响力的性质，这五项权力又可以分为**强制性影响力和自然性影响力**。前三项权力属于强制性影响力，带有强迫性与不可抗拒性，对人的影响主要表现为让人被动、顺从。后两项权力属于自然性影响力，是产生于个人的自身因素，即个人的"威信"，主要表现为领导者自身因具有良好表现而受到下级由衷的敬佩，并依靠自己的威信和以身作则影响别人。在工厂的车间里，一位受尊敬的老员工的话往往会比班组长甚至车间主任的话更有用，原因就在于他因自身因素所形成的自然性影响力具有较大的信服性。自然性影响力使人在心理上感觉是"对的""应该的"，通过潜移默化的自然过程变为他人的内驱力，并使他人在行为上表现为自愿、主动。

领导者的"权力工具箱"中有五种不同的工具，而究竟使用哪种工具影响下属，就是问题的关键了。

审时度势：不能任性地使用权力

在权力使用方面，就能看出领导者的不同。同样是面对绩效不理想的员工，有些领导者采用鼓励的方式建立他的信心，有些领导者采用批评的方式指出他的问题，有些领导者则用手把手教育的方式辅导他。领导者存在明显的个人偏好，因此很难确定使用哪些权力是最好的。具体使用哪项权力，取决于领导者面对的客观组织状态，不能由着性子来。这就像尽管你很擅长使用螺丝刀，但是该用扳手的地方不能用螺丝刀，还是要用扳手。下面以创业企业的基本发展历程为例，分析领导者如何根据组织的变化调整权力使用方式。

　　大多数创业者更依靠专长权和魅力权创建企业。无论苹果、微软，还是小米、腾讯，这些企业都基于创始人的技术专长而创立。在公司起步阶段，领导者通常很少使用奖励权和惩罚权，下属和领导者的上下级关系存在感不强，领导者只有一种貌似存在的法定权。随着组织规模扩大、技术复杂性增加、技术边界高速扩张，最初创业时的技术专长逐渐被分解，变得更深入。凡是持续发展的组织，其创业者都能把以专长权和魅力权为基础形成的影响力转向以奖励权和惩罚权为基础形成的影响力。换句话说，只有创业的激情有效地被制度的管理替代，组织才能够持续发展。例如，松下公司最开始生产自行车灯头，到了1931 年，其产品种类不断增加、业务领域不断扩展。松下幸之助知道，许多技术的发展已经超出创始技术的范围，他需要通过自主经营的体制来获得更加优秀的人才并保持人们的创业激情。于是，他开始在松下公司基于单个品种形成事业部制，这

管理的博弈

156

种新型的组织形态实现了制度化的权力转移，从而使松下幸之助建立起庞大的商业帝国。

随着企业进一步发展、企业规模进一步扩大、人员数量进一步增加，企业也会开始意识到统一的价值观对于一个庞大的公司的作用。处于这一阶段的很多企业都开始进行企业文化建设。构成企业文化的一个非常重要的部分是"英雄人物"，在大多数企业中，企业创始人都是企业文化中代表人物的不二人选。为何华为的5G技术能走在世界前列？其强大的学习力和不断超越自我的文化是助推器之一，而任正非则是华为自我超越文化的核心代表。在企业文化的建设和传播过程中，作为代表人物的领导者表现出非凡的魅力，领导者的魅力权得到了极大增强。在这个时候，领导者即使不使用法定权，只通过个人魅力也可以产生强大的影响力。

还有一个非常普遍的情形也能很好地说明权力使用与组织状态的适配，就是"空降兵水土不服"的问题。一般出现这种情形，人们都会认为"空降兵"不了解企业情况，没有办法融入。而从领导者权力角度来看，空降兵之所以不成功，常常是因为错误使用权力。刚刚加入组织的新领导者，尤其是那些被公司高薪聘来的领导者，常常迫切地使用法定权开展工作。然而由于没有足够的员工基础支持其实施权力，匆忙又大刀阔斧地工作只会触及企业既定的利益格局，必然遭到排斥。比较理想的方式可以参考上述的企业创始人的权力发展过程。首先使用专长权，这种温和的权力能够帮助"空降兵"建立一些业绩，然后再明确奖励权和惩罚权，并通过这两种权力筛选被领导者。过一段时间后，法定权也就实至名归了，原本比较难以开展的工作也就有了基础。

在组织的不同阶段，领导者需要使用不同的权力，不能仅因个人习惯或偏好一直使用某一种权力。工具不会带来问题，使用不当才是问题，领导者需要根据具体的情景，审时度势地使用权力。"君子性非异也，善假于物也"恐怕也是领导艺术的一种体现吧。

从强制到"崇拜"：影响力重心的转移

领导者必须根据具体的被领导者谨慎选择使用什么权力方式。网络上流传着各种有关不同年龄段员工之间的区别的段子，尽管很多都有调侃色彩，但至少说明新生代员工的确和以往的员工不太一样，恐怕很难用优点和缺点来总结"95后"或"00后"，但有一点是非常明确的，对"60后""70后"有效的强制性权力的效果在新生代员工身上大打折扣。如今的领导者必须将权力重心转移到自然性权力上。

实际上，年龄并不是产生代沟的原因，价值观才是。组织成员如今更需要领导者，遇到难题、自己想不通时，就需要领导者带领，让组织成员坚定地追随，毫不犹豫、减少迷茫、保持乐观，这就是领导者要做的。新生代员工更看重领导者的能力和品德，他们会因为领导者的专长和魅力而发自内心地追随他们。领导者只有在某些方面的确比下属技高一筹，才有可能赢得其尊重。专长权基于学习产生，因此领导者必须更认真、严肃地对待学习，不断补充两类知识：一是专业类知识；二是一般、综合、通用的知识，它对于下属视野的开拓、格局的提升及综合素养的提升都有帮助，能够帮助领导者赢得下属的尊重。

魅力权则是基于喜欢产生的，一个有魅力的领导者通常能够赢得下属的喜欢。西奥迪尼在其《影响力》一书中论述了被喜欢的几个理由，例如外表魅力。领导者需要有符合自己年龄段的外表，"不修边幅"对领导者显然是不适用的。

相似性也很关键，领导者要让自己在个人状态、观点意见等方面与下属表现出一致性。

赞美是拉近关系的重要手段，只有真正了解对方，才有可能表现出带有共情的态度和行为；还可以通过一些活动拉近距离，增进彼此的情感。为了顺应被领导者的变化，领导者必须调整发挥影响力的方式，也就是从过去的以强制性权力为主转变为以自然性权力为主，这意味着他必须通过不断学习提升知识水平和修养水平，强化专长权和魅力权，使自己能得到被领导者的崇拜。

◇◇◇◇ 信任是可以经营的

信任是领导者必须认真关注的环境要素。下属之所以坚决执行领导者的命令，并不全是因为这个命令是理性的或有道理的，也是因为这是一个信得过的人给出的指令。事业成功依赖于一个紧密团结的集体，依赖于充满信任的领导环境。构建团队信任是使领导者成功的重要因素之一。

被信任的三个基本条件

《现代汉语词典》对"信任"一词的解释是"相信而敢于托付"。有哪些因素影响着组织成员对领导者的信任呢？学者梅耶提出了"感知到的可信性因素"这一说法，认为是专业技能、正直和善意这三个因素影响了信任（见表5-2）。

表 5-2 影响信任的三个因素

影响信任的因素	解 释	特 点
专业技能	一个人具有某一特定领域的知识和从事某项工作的能力，具有专有性特征，一个人拥有的专业知识越多，在一定情景下他的指导就越有价值，越能得到人们的信任 例如，飞行过程中遇到剧烈颠簸，乘客很可能会首先去观察飞机乘务员的反应，而不是他身边乘客的反应。在一个充满不确定性的情景里，有能力的领导者会使得组织成员跟随他，这本身就是信任的体现	越是在组织的下层，专业技能对于建立信任的作用就体现得越明显，管理人员层级越低，其需要具备的技术性与操作性知识就越多 到了组织的上层，领导、决策、沟通等通用能力更重要。具备优秀通用能力的"外行"也完全可以赢得专业"内行"下属的信任
正直	对原则的坚持，原则包括社会基本原则和组织内原则，前者是整个社会遵循的价值准则，后者是组织内形成的一套价值观和实践准则。领导者对原则的坚持将会体现出其诚实、公平、开放和信念等品质，这些品质是领导者拥有魅力权的重要基础	在变化的环境中，领导者行为的稳定性能给下属带来信赖感，正直的品质增加了领导者行为的可预测性，这样在不确定性的环境中，被领导者也会感到踏实
善意	信任者感受到的被信任者对信任者抱有的积极态度。在组织中体现为，一是对组织成员的需求和利益保持敏感和关心，二是以保护员工利益的方式行事，三是避免为一个人的利益而损害他人利益 善意排除了以自我为中心的利益动机，被信任者愿意为信任者考虑	当领导者对组织成员的成长、利益真正表现出关心，并且以切实的行为维护组织成员的利益时，组织成员就会以忠诚和信任回报领导者的善意。如果领导者只从自身利益出发，用伪装表现出虚假的善意，从长远看会对双方的信任产生巨大的伤害

管理的博弈

专业技能、正直和善意这三个因素彼此独立却缺一不可，它们共同构成了信任的关键基础。如果一个人的正直众人皆知，而且专业技能一流，他是否就能得到组织成员的信任呢？不一定，如果领导者对组织成员不那么抱有善意，做事时不考虑是否会对组织成员造成伤害，组织成员也不会信任他。一个具有善意却没有专业技能的人，可能是组织中的一个"好"人，他不知道如何处理问题，也不明白如何为别人提供帮助，这同样也会影响其受信任程度。缺少这三个因素中的任何一个，领导者在被信任方面都会受到影响。

如何快速建立信任

如何在短时期内建立成员对自己的信任？人际关系间，信任有三个循环向上的发展阶段。

第一阶段，谋划开启信任。影响信任的是人经历的事件。组织中的事件大致包括两类：一类是基于工作角色开展的行为互动，另一类是基于更多元的非工作角色开展的行为互动。一个具备足够专业能力、履行好其工作角色的人，能够得到上级、平级和下级同事的信任。因此，领导者可以通过技能比赛、工作任务、会议交流等事件，给员工展示自己的能力的机会，从而加强信任；

可以通过非工作角色建立更深入的信任，创造包括家庭成员在内的团队活动的机会，帮助员工更好地履行家庭角色，解决他的后顾之忧，等等；也可以认真分析团队成员的工作角色和非工作角色，并据此有计划地安排一些事件，这将有助于人际信任的快速建立。

第二阶段，了解铸就信任。漠视或不屑一顾的态度无法得到员工的积极回应。以积极的态度欣赏员工而不是抱怨和挑剔他们，及时给予他们鼓励和支持，是领导者与下属建立信任关系的基础。随着人员的流动性越来越高，如今的领导者通常越来越不熟悉他的下属，在这样的经营现状下，领导者更需要构建相互欣赏的组织氛围。所谓的"士为知己死"，一定是在高信任状态下，为了回馈欣赏而表现出的壮烈。

第三阶段，认同夯实信任。如果领导者与团队成员能够在价值观和行为方式上认同彼此，信任就有了更为坚实的基础。价值观认同使人们拥有共同的工作态度，行为方式认同使人们拥有共同的工作方法，这些认同可以在组织中营造出志同道合的氛围。例如，如果"空降兵"经理人还保持着先前使用的工作价值观和行为方式，没有根据新的组织情境进行调整，就会失去团队成员的信任。

互信是领导效能的基石。领导者通过设计一些事件建设信任，并通过在组织内营造积极氛围，帮助组织成员在相互欣赏的状态下深入交流、增进了解，进而引导组织成员重塑价值观和行为方式，真正成为一家人。组织成员的信任将成为领导效能的有力保障。

信任的破坏与修复

建立信任是艰难的，但破坏信任却十分容易。领导者既要注意建立人际信任，也要注意可能会破坏信任的因素。

一般而言，组织中破坏信任的因素主要有以下三个方面：恶劣的内部环境，包括工作中人们相互不理解、不关心、不支持，甚至相互拆台，组织缺乏友爱，氛围恶劣；失败的领导行为，包括领导者不尊重下级的人格和意见，用人不当、过度偏袒、赏罚不明等；不正确的管理手段，比如有些企业借助现代技术手段，如监控系统等管理员工，这类现代技术手段实际导致并加剧了员工与组织之间的不信任。

尽管上述三个方面的因素会破坏信任，但只要领导者认真分析破坏信任的主要原因，并采取积极的措施，信任还是可以修复的。修复信任是困难的，在这个过程中，领导者不仅需要克服已造成的负面影响，还需要重建人们积极的预期。具体而言，在组织层面，领导者需要营造积极向上的整体环境，优化管理系统，规范管理手段。在个体层面，领导者可以通过道歉、否认、承诺、赔款甚至不做任何回应来进行策略性的信任修复。

这里具体分析一下道歉与否认。道歉是一种弥补性行为，可分为内部归因型道歉与外部归因型道歉。前者是指失信者将信任的破坏归结为自己的责任，并愿意对此承担全部责任，比如"这次任务没有完成，的确是因为我督导不力"等；后者是指失信者认为信任的破坏主要由他人或外部环境因素导致，比如"这次任务没有完成，主要是市场环境突然发生了变化，竞争对手的客户优惠力度也特别大"等。

否认则是指失信者明确宣布信任违背没有发生，他人对其的指责是没有根据的，自己也不需要向信任者道歉。直接否认是指失信者认为信任违背事实或事实原因是虚假的，并直接对其予以否认。间接否认则是指失信者指明是其他人而不是自己破坏了信任。虽然这两种否认的形式略有不同，但目的都在于使失信者无须承担责任也无须感到内疚。

毫无疑问，将口头回应与实际行动相结合能更有效地修复信任。事实胜于雄辩，失信者的行为对于信任的修复更有意义。信任受损后，失信者自愿接受必要的惩罚能够修复信任；失信者自愿引入监督和管理机制，从而降低未来失信的风险，也有助于修复信任。如果领导者失信了，不必慌乱或气馁，认真地反思自我，真诚地与被领导者交流，并采取积极的行动，信任就可以被重新建立起来。

◇◇◇◇ 领导力是组织变革的保障

管理是日常的惯例行为，如果想影响并引领员工迈向更高境界，就需要激活员工的潜能。领导者的基本任务就是引导组织变革，建设一个易于领导的内部环境，保障和放大领导效能，帮助组织更好地适应内外环境的变化。而变革是领导的底色，正是在变革中，领导者的价值才得到突显。

组织变革：有计划地折腾

组织变革是运用行为科学的知识进行有计划、全局性的自上而下的努力，通过有计划地对组织内各种流程进行干预，增进组织的有效性并使之健康发展。组织变革是对组织现有状态的调整与改变，是一种"折腾"——是在有明确目标的前提下进行的有序调整。

广义上来说，组织内一切涉及变化的行为都可以被称为组织变革。在组织战略层面，组织变革表现为战略重新规划、组织结构调整、重大人事调整等；在组织管理层面，组织变革表现为部门职责调整、工作流程优化、新设备及新工艺引入等；在具体执行层面，组织变革表现为作息制度调整、个别岗位职责重新调整等。广义的组织变革在组织内部是非常普遍的。

为了使组织变革顺利进行，勒温提出了"三步骤法"：解冻、改变、再冻结。这是一个由准备改变到实地变革，再到稳定的过程。麻省理工学院施恩（Schein）教授曾经提出组织变革的六个步骤：洞察内外环境变化；引进有关资料研究变革；采取行动实行变革；防止副作用，稳定变革措施；输出变革成果（产品及服务）；再次洞察环境变化。

尽管理论勾画出了组织变革的基本流程，但在实践中，领导者会面对各种各样的复杂局面，组织变革从来不会一帆风顺，必须做好充分的准备。只有合理地绕过以下这些组织变革道路上的障碍，才能顺利地进行组织变革。

注意组织变革道路上的八个障碍

哈佛大学商学院约翰·科特教授经过多年的观察和调研，总结和分析了组织变革道路上的八个障碍。

- 过分容忍自满情绪。

- 未能建立一个强有力的变革指导委员会。

- 未能为组织变革确立愿景和战略。

- 未能大力传播变革愿景。

- 对阻挠新愿景实现的种种行为听之任之。

- 未能创造短期收益，无法激励员工进行更深层的变革。

- 过早宣布组织变革获得成功。

- 对于使变革意识牢牢扎根于企业文化这件事的不重视。

企业在变革过程中，只要没有越过上述的任何一个障碍，都有可能产生严重的后果。针对上述八个障碍，科特提出，企业在进行重大组织变革时，需要认真考虑以下八个应对方法。

营造紧迫感：自满是组织变革最大的障碍。已有的业绩和辉煌会带来自信，也会带来自满，导致组织缺乏变革的动力。克服自欺心理，客观地认识现在和未来，营造"只有变革才能带来持续发展"的组织氛围。这可以说是变革前最重要的准备工作。

建立变革指导委员会：推行重大变革通常会遇到难以想象的阻力，因此要想坚持变革，就需要有强大的推动力量。变革不仅头绪繁杂，而且有各方利益交织，建立变革指导委员会既能为变革做好知识和能力准备，也可以更好地化解变革中的各种冲突。

提出愿景并确定战略：变革指导委员会的重要任务就是提出愿景，并根据这个愿景确定可行的战略路径。

传播变革愿景：若想使人们了解并决心致力于一个新的发展方向，需要变革指导委员会传播与强化变革愿景。

授权各级员工采取行动：给员工赋能，鼓励员工的主动行为，支持员工采取与创新有关的行动。

创造短期收益：不仅要为组织设立长期的愿景，还要制订切实可行的计划来创造短期收益，也就是所谓的"新官上任三把火"。没有"三把火"，变革可能没有机会走向长期；但是如果只有"三把火"，没有愿景，没有持续性，也会让组织成员不再信任变革指导委员会。

巩固成果深化变革：当组织变革初见成效时，就应该有意识地加大对不符合变革设想的制度、结构和规定等的调整。同时，还可以雇用、提拔和培养能实施变革设想的人，变革的推动必然要更多地依赖新人。

使新的工作方法在企业中制度化：变革指导委员会要让组织成员意识到，组织的成功是之前的变革行为所推动的，并进一步明确新行为同企业获得成功之间的关系，这有助于进一步强化变革动力。

虽然这八个应对方法提供了组织变革的流程，但是在具体实施时，它更像一份提示性的清单，提醒你在组织变革过程中不要遗忘一些关键内容。在组织变革过程中，领导者将会面对非常大的压力，那些涉及组织战略、组织结构等重大问题的变革，不仅会给组织成员带来很大的不适甚至痛苦，而且会给组织带来巨大的震荡，领导者需要清醒地分析和把握变革中的关键，努力将组织变革引向自己期望的方向。

领导力：在动力和阻力之间牵引

在组织变革的博弈中，动力推动变革，但也有阻力，这不一定是坏事。任何变革都是有阻力的。一个组织，尤其是具有一定规模的组织，就像一艘庞大的舰艇，在转向时遇到很大的挑战是很正常的。表5-3比较清晰地反映出变革具体在各个层面的动力与阻力。

表5-3　变革的动力与阻力

变革动力	外部——组织外部环境各种变化所产生的推动力，包括技术、经济、法律、竞争者等各个方面的变化。外部科技的飞速变化，会对组织技术创新速度和产品更新速度提出要求；经济状态影响企业所处的市场环境，进而要求组织控制成本并进行相应的组织设计；新的法律法规不仅对企业行为提出了新的要求，而且极大程度上干预了企业既有的习惯；竞争者的变化会给企业带来巨大的压力，这往往是变革的直接动力
	内部——组织内部各个系统的变化所产生的推动力。例如，关于组织价值观的调整，会引起组织目标的变化和人们行为方式的变化；组织引入新的技术、工艺等，会使工作者的工作方式发生变化；组织重新梳理战略方向，会对组织结构提出新的要求，继而改变部门职责；领导者发生调整，也会对组织内部的人事体系、决策系统进行改变等
变革阻力	组织层面——已经形成的固有的责权关系像一堵无形的墙，触动既得利益者的领域，将会遭到非常强烈的反弹；经营多年后，组织会形成流程惯性，一种基于过往经验形成的约定俗成有时会阻碍企业获得新的知识和新的技能；企业最高领导层通常也会带来强大的阻力，领导者之间如果不能达成一致，也会产生阻力
	员工层面——如果涉及个体的行为改变，哪怕是很小的行为改变，也会遇到来自员工层面的抵触；稳定的职业生活会带给人一种安全感，当组织变革开始进行时，人们会因为即将产生的变化而忐忑不安；员工工作岗位、工作职责的变化，使一部分人留恋过去的人际关系，不能适应新的人际关系；组织变革如果涉及员工收入，无论涨工资还是降工资，都会造成员工内心巨大的心理波动等

变革的动力或阻力，反映了人们对变革的两种不同态度：赞成或反对，支持或阻挠，这不仅与变革的方向和内容有关，也与变革的广度和深度有关。这两种力量的强弱对比和博弈，从根本上决定了变革的进程和成功与否。任何变革都是在动力与阻力的搏击、冲突、妥协、此消彼长甚至转化融合中前进的，处理好两

者的关系对组织变革至关重要。

变革者只要将相关的内外部信息反馈给组织成员，让大家意识到变革的紧迫性，动力问题基本可以得到解决。那么，该怎么应对阻力呢？阻力大多数是因为情感产生。变革方案在理性层面一定是符合逻辑、有助于企业更好地发展的，但人们之所以不愿意配合，是因为在感性层面绕不过弯。例如，一些企业在进行薪资改革时，经常会听到"凭什么我干了这么些年，工资还不如新员工多"之类的话。情感的问题需要用感同身受来化解，你可以运用同理心，设身处地地理解和化解变革中出现的阻力。

组织变革作为领导者的首要职责，对领导力提出了很大的挑战。缺乏持续的、强有力的领导者的支持和推动，变革不能得到切实推进。变革之路从来都不是平坦的，它意味着摆脱旧有的习惯，脱离舒适区。领导者也不可能躲过每一个障碍，但哪怕只躲过几个也总是好的。认清变革的动力和阻力，才能更理性地将组织变革导向预设的愿景。

小结

应对变化，提升领导效能刻不容缓。提升领导效能是一个系统工程，领导者要深刻认识到追随者的变化，打造组织的追随力，让领导者和追随者能够处于最佳匹配状态；同时，采取更有针对性的影响力方式、建立足够的信任，能让工作事半功倍。组织变革是领导者面对的永恒挑战，领导者要认清变革的动力与阻力，有条不紊地推动变革，让组织在一个新的层面继续适应新的环境。

第五章　从管理力到领导力

175

Chapter 6

第六章 一切还是要看人

人员配备属于管理的基本职能，由于面对的是最复杂也最有生机与活力的"人"这一对象，所以显得尤其重要和关键。随着时代变化，人与组织的关系显现出新的博弈与较量。尽管仍然遵从"选育用留"的原则，但在具体执行时，要根据人们需求的变化重新认识和调整。如何利用有限资源更好地发挥人员效能？如何在纷繁复杂的绩效管理中抽茧剥丝、获得更好的绩效？相较于加大物质收入，企业如何提升"精神收入"的激活作用？

◇◇◇◇ 构建基本人员管理系统

人员配备是指根据组织结构中规定的职务的数量和要求，对所需人员进行恰当而有效的选择、考评和培训，配备合适的人员来充实组织中的各项职务，以保证组织活动正常进行，进而实现组织的既定目标。企业管理者一般喜欢用"选育用留"这四个字来描述人员配备的基本行为。

"选育用留"基础方式

一是制订用人计划，主要是明确人员的数量、层次和结构，以此确定完成组织目标任务的人数，达成组织设置机构的要求，它涉及战略人力资源管理、人力资源计划以及工作分析这三项主要任务。人员配备要服从和服务于企业的整体战略，了解不同战略形式下企业对人员的需求。例如，如果企业的战略是通过开发市场的方式实现增长，就意味着企业需要做好外派经理人员的储备并在当地招募新员工。在对内外环境进行分析的基础上，企业可以预测人力资源的需求以及人力资源内外部的供给状况，分析其中存在的缺口，并计划采取必要的方法来解决。接着进行工作分析，也就是全面提取有关工作的信息的基础性管理活动，在此基础上才能达到人与事的最佳配合。

二是甄选人员，具体包括招聘和挑选两项任务。人力资源部门应该通过各种渠道尽可能多地获得申请人。渠道主要分为内部和外部，内部招聘的优点主要体现在传承以及对内部人的激励方面，相应的缺点则是创新会受限，以及可能出现论资排辈的现象；外部招聘的优点主要体现在补充新知识、带来新活力方面，相应的缺点则是产生成本问题以及忠诚问题。挑选环节包括简历筛选、笔试、面试、心理测评、背景调查等。借助科技手段，越来越多的企业通过人工智能对海量简历进行快速筛选；笔试是对申请者的知识、逻辑、文字表达等方面的能力与水平进行了解的有效手段；面试是最广泛使用的方法；心理测评和背景调查能让企业更好、更深入地了解申请人在态度、性格、价值观等心理层面的状况。

三是安置人员，招募来的员工需要被安排到合适的工作岗位上。企业内部的场所包括横向空间、纵向空间和零度空间。在组织结构图中，那些处在同一个层面的工作构成了职场的横向空间，包括由不同部门，例如营销、技术、财务等提供的完全不同的工作，也包括一个工作流程中的若干环节，例如生产部门的各个相关的车间。横向空间为人们提供了接触新鲜工作内容的机会。向组织上方发展的空间构成了职场的纵向空间。如果说横向空间提供的是任务分配，那么纵向空间提供的就是权力分配，它通常体现在组织内的一个系统中，如财务系统提供了供财务人员发展的各种财务岗位，各岗位的权力是不一样的。零度空间是指有些工作不会提供职务，却能够提供使职业技能深入发展的空间。技能成长会使员工成为一个领域的专家，律师事务所、会计师事务所等专业型组织中的员工就是如此。

把合适的人放在合适的岗位上是一种理想状态，必须采取动态的人员匹配理念。随着工作的职责范围、技能要求、工作环境等发生变化以及员工年龄的增长，他们的经验、能力、精力以及个人状态也都在发生变化。为了持续实现良好匹配，管理者需要建立完善的沟通机制，精准了解员工最新动态，从而实现人与工作之间的动态匹配。

四是培训人员、绩效管理和激励。培训人员的过程主要包括需求分析、培训方法选择、培训效果评估等。随着技术不断发展，培训方式也更加多元化。员工可以利用碎片化时间来完成学习，也可以进行更大范围的在线学习等。绩效管理是一个系统，它的目的是得到更好的绩效，而不仅是对绩效进行考核、监控。管理者应以未来的提升为导向，优化绩效管理系统中的各个要素，切实实现绩效的螺旋式上升。企业总是试图通过各种方法调动人们的积极性的行为，也属于激励。与物质相关的内容被统称为外在报酬，具体包括工资、薪水、奖金、佣金和红利等一系列可以通过货币单位来衡量的直接货币报酬；与精神相关的内容被统称为内在报酬，具体包括工作带来的成就感、满足感等间接非货币报酬。来自精神层面的内在报酬对一个人影响巨大，物质层面的外在报酬会更加直观和实际一些。

以上就是人员管理的基本内容。这些年总有一些新的概念、模型、理论出现，甚至还会有一些耸人听闻的言论。例如，"裁掉人力资源部""都是绩效惹的祸""KPI 终将被 OKR 所取代"等。脱胎于个别企业管理实践的人员管理方法或许在个别企业是有效的，但不是放之四海皆准的道理。在管理的各个要素中，人力资源是最具有活性的，由不同人员组成的组织，即使面对同样的生产线、同样的市场、同样的产品，仍会表现出不一样的组织文化、传统以及管理方式。在人员管理系统方面，企业就必须因地制宜，很难照搬复制。

飞速发展带来技术碰撞与替代危机，技术与人的博弈几乎无处不在。对人员配置的巨大挑战之一来自科技对人员的替代。大卫·哈维在《资本社会的 17 个矛盾》一书中提出，技术的加速发展正在彻底改变工作的状态，不仅是那些例行工作和制造工作会被替代，那些技术工作和服务工作也会被替代。

纵览不同时代，伴随制造方式方法的发展，"人"这个生产要素也应动态进行调整，以此实现更有效率的匹配。在机械化的 1.0 时代，标准化生产背景下，人被定义为如同机械一样的零部件，卓别林在《摩登时代》里的表演是这一状态的精准体现；进入电气化的 2.0 时代，以霍桑实验为代表的管理行为学派开始强调人的主动性，并且明确了有需求层次的人与那些冷冰冰的设备截然不同；进入信息化的 3.0 时代，组织发展催生各种新颖的管理学术语，并且都在反复强调人的重要性，以人为本的管理方式似乎成为检验企业管理是否成熟的根本标志。但是，对于即将进入的智能化的 4.0 时代，管理者们又该如何定义人在组织中的作用？人变得更重要了还是相反？

显而易见的是，在未来智能化是一种趋势，有些企业在人员使用方面开始更多地借助机器人等。例如，现在有些餐厅通过机器人送餐，有些工厂开始推行无灯化，有些超市也实现了彻底的无人化，等等。但这并不意味着企业不再需要人力，或许恰恰相反，这时的企业在人员配置方面将更加急迫和谨慎，因为人将在生产过程中扮演更重要的角色。尽管由人承担的工作岗位数量在减少，但由人承担的工作岗位的重要性却在增加。在可以预见的未来，人员的状态仍然是组织绩效的决定因素，这一点毋庸置疑。

因人设事还是因事设人

探讨了人员配备的基础步骤，你是否会总结出这样的逻辑：一个企业应该开始于一种想法或冲动，在这个基础上有了使命和愿景，有了战略，战略开始驱动组织结构设计与权责体系的安排，建立起相应制度，明确规定每个具体的工作职责以及相应工作的任职资格。这一切都清楚后，组织就开始按图索骥进行招聘和人员建构。很明显，这一系列操作有一个基本前提：市场中一定有企业需要的特定人员。

然而，《从优秀到卓越》一书中提出，"在这个研究之前我们以为会有这样的发现：一个公司从优秀迈向卓越的第一步是为公司设定一个新的方向、新的愿景和战略，然后找到合适的人，再朝这个新的方向前进。然而我们发现有时情况恰恰相反。那些主管不是首先确定目的地，然后才把人们引向那里。他们首先让合适的人上车，不合适的自然请下车，然后才决定去向何处"。该书作者吉姆·柯林斯冷静地提出，"先人后事"是使企业从优秀到卓越的重要因素。

在不确定的经营环境下，明茨伯格曾经特别提到"涌现战略"——企业，尤其是中小型企业常常需要在变化的环境下即兴表演。伴随着新的变化，企业采取战略调整：充分考虑环境要素的变化，动态地进行战略递进。这种涌现战略甚至是一种崭新的经营逻辑。

回到标题，不得不说，因事设人存在诸多缺点：企业的人力资源系统可以通过有意识、有计划地盘点人才，摸清需求，但是这样的思路如果应用于中小企业，恐怕是要出问题的。首先，如果真的因事设人，恐怕就要出现长时间的"事"在等人的状态。其次，事情的责任和范围通常是不确定的，而对外部人的认识更是极其有限的，并且将对人的认识建构在招聘甄选环节，显然是不负责任的，那时发现的匹配常常是企业管理者的一种理想。最后，因事设人所包含的理性色彩对中小企业的发展来说，通常带有更多的负面影响。简而言之，因事设人带有明显的"科学"的机械色彩——认为组织的一切似乎都可以像机器设备那样精心设计。然而，人的状态终究不会像机器设备那样分毫不差，人员的建设也终究不能像机器设备的采购那样简单。

因此，因人设事的优点也就随之突显。最突出的优点是，因人设事会将管理层的目光转向内部，并由此建立"每个人都是人才"的假设。因为人才的关键不是技能，而是对组织的归属感。那些与公司建立了感情，而且表现出与公司有一致价值观的员工，不能简单地以技能作为衡量标准，而要根据实际情况对其工作进行再设计。这种方式基于对人的充分认识，量身定制地安排工作，使人与工作之间的匹配不再是问题，并且形成更合理的权责安排。人与人之间、人与组织之间有时候是一种缘分。尤其是对于那些明显的人才而言，如果一味以公司战略为导向，势必会让一些不符合公司战略的人员在组织内找不到位置感，进而出现人员流失。现在有些公司建立的内部创新在很大的程度上就是给予内部员工一些成长的机会，这对公司来说也是一个新的增长点。另外，因人设事也可以让员工更多地参与工作设计的环节，在一定程度上避免设计出缺乏意义、缺乏挑战、目的不清的工作。很多领域的实践都表明，人们喜欢自定义，无论在房屋装修、餐饮、学习还是在其他生活活动中，一个被引导和启发的自定义能更长久地吸引人们的注意力，增加人们的投入度。

企业虽然有科学化和规范化的内在发展要求，但不能随意抛弃企业发展的重要支撑。尤其是对于参与早期创业的老员工，企业应基于他们的独特状态，以因人设事的理念设置一些新的岗位，例如参谋型的决策建议机构、内部顾问机构或新的业务发展单元等。这样的安排常常会招致"任人唯亲"的非议,但任人唯亲就一无是处吗?

任人唯亲的价值

任人唯亲难道不是个贬义词吗?不一定。真正贬义的任人唯亲必须具备两个条件才成立。一是,"亲"者一定是不具备胜任能力的,是不具备德才的;二是,任人者之所以这样做,是追求个人利益的最大化,损公肥私,是损害组织利益。任人者的个人利益也表现为感情上的收获,例如满足了任人者的感情平衡等。

沿着这个思路思考,当不同时具备这两个条件时,任人唯亲也就不成立了。比如,被雇用者虽与任人者关系亲密,但他是具备胜任能力的,是能够为组织带来绩效的,亲密的关系只是更进一步强化了被雇用者的组织卷入程度。例如,很多企业推行的"熟人推荐"政策。又比如,任人者追求的不是个人利益最大化,而是整体组织的利益最大化,那么任人者的做法就不会影响组织的公平。例如,公司最高领导者是公司的所有者,在任用方面他们一定会优先考虑组织目标。

基于前面两个条件来衡量,我们会发现真正的任人唯亲是有限的。事实上,大多数对任人唯亲的抱怨都出于认识偏差。尽管大多数的"亲"者能够胜任组织任务，但一旦出现几个不能胜任的，一些人便会以偏概全，而全盘否定任人者的做法。另外，一些人无视组织利益，只关心任人者的个体利益，尤其是当任人者的个体利益与其无关时，一些人更倾向于攻击任人者及其相关者，并随意建立他们之间的关系与联系。

于是，一个几乎所有人都可以接受的、与任人唯亲相对应的成语是"任人唯贤"，这里的"贤"就是德才兼备的人，即具有工作胜任能力的被雇用者。"贤"描述的是一种能力状态，"亲"描述的是一种关系状态。能力的高低与关系的亲疏没有必然的关系。这两个成语本身是不具有可比性的。无论如何，不能认为那些关系远的人就一定能力强，关系近的人就一定能力弱。比较普遍的情况是，当一个有才能的人在组织内没有施展机会，而他与任人者又没有什么关系时，抱怨也就产生了。与任人者关系亲近但不具备完成任务能力的人是不合格的，而那些有能力的人也可能是不合格的，不受驾驭的能力是没有价值的，失控的能力甚至会葬送一个组织。

企业经营不能理想化，在不确定的环境下尤为如此。企业对于外部的人力资源供给不要想当然，即使一个能力完全符合工作岗位要求的人员，也未必能在你设计好的岗位上发挥作用。为一些人津津乐道的那个阿里的前台员工，用其职业经历告诉大家，企业会提供一个成长的平台，量身定制的工作让双赢得到实现。

企业实事求是地根据自己的状态来制订发展方向，既是现实理性的，也是必须的。对于中小企业来说，因人设事，有多少人干多少事，是比较务实的做法。组织有一定的发展后，在市场中就有了更多的主动性，或者由愿景驱动，更积极地进行组织建设，因事设人也就自然而然出现了。

◇◇◇◇ **管理好关键少数人**

> **人才盘点：两维四象限界定关键人才**

谁是组织内的关键员工？学历、经验、职位等与人才密切关联的因素在共同博弈的作用下，通常成为评价关键人才的重要的相关因素而非决定性因素。人才存在一定的动态性，无法用固定的标准衡量。企业在一个人离职时，通常会思考："这个人走了，谁能替代他""他真的能够在外面得到更好的发展吗"等问题。

以下两个维度可以界定人才：内部可替代性和外部可流动性。以低和高简单地表示程度，将员工大致分为四类：高替代性高流动性、高替代性低流动性、低替代性低流动性和低替代性高流动性（见图6-1）。这四类员工的特点也就一目了然了。

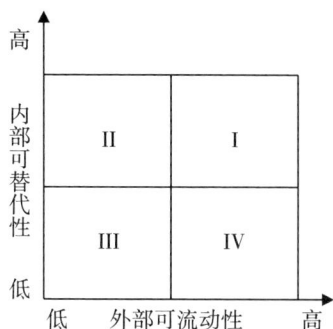

图 6-1 四象限下的企业人才类别

高替代性高流动性（Ⅰ）：这类员工在组织中大量存在，一般是通用技术类人员，拥有的是一般性技能，离职流动率非常高。对于这类员工，企业通过基本的人力资源管理制度加以规范就可以了。

高替代性低流动性（Ⅱ）：如果一个人习得的技能是特定技能，不能与外部市场接轨，他就很难寻找到外部机会。一些中年人随着年龄增长，竞争力下降，同时还要应付来自组织内部的年轻人的挑战。他们很可能处在高替代性的窘境中。领导者只需要说明情况、晓以利害，就可以使他们更加珍惜目前的工作机会。

低替代性低流动性（Ⅲ）：这类员工掌握了组织的关键技术或重要资源，他们不能被轻易替代，但其所掌握的技能不具备普适性或需求不大。有些高科技企业的工程师掌握了尖端技术或尖端技术的一部分，离开企业就离开了体现这些技术价值的土壤。领导者既要尊重他们，给他们空间，调动他们的积极性；也要加强与他们的沟通，使他们意识到自身局限性，有正确的自我认识。

低替代性高流动性（Ⅳ）：这类员工是所谓的人才。他们掌握了关键技能或资源，这使替代他们的可能性很小。他们还具备高度的外部流动性，其能力同样能够在其他组织得到发挥，甚至是得到更好的发挥。外部劳动力市场提供的巨大机会使这类员工对于组织有很强的讨价还价能力，有些人甚至会以这种优势来谋求更多的利益。与前三类员工相比，这类员工的管理才是领导者最应该花心思认真思考的。

人才管理中最重要的是识别出谁是人才，这样企业就可以把更多的注意力、精力、财力集中于人才。在留人方面，很多企业喜欢讨论和使用的方法是"感情留人""事业留人""待遇留人"。这些方法是否探求到了问题的根本呢？

随着组织的成长，领导者能分配给员工的感情在减少，但人们对于感情的需要却在不断增加，这使"感情留人"的策略产生致命缺陷。"事业留人"的基本逻辑是组织只要能提供舞台，人们就愿意留下来表现自己。而现在的人才更看重个人成长的空间，希望能极大地发挥自己的才智。大多数组织在经过飞速发展后，会维持一个较低的增长速度，这远远不能满足人们对于职位的需求。而金字塔形的组织结构所提供的越来越稀缺的职位，只能增加中层领导者的不稳定性。"待遇留人"似乎是最重要的方式。但实际上它就像强心针，无论多高的薪水、多高的职位，人们都会适应。这么看，那些试图激励员工的方法就失去了作用。

所以，真正留住人的是"不断增长的待遇"或"不断增长待遇的可能性"——是"待遇"的正向变化使人们感到愉悦。

一降一增：积极升级人才管理

基于传统方法的局限性，该如何更有效地进行人才管理呢？可以按照降低外部流动性或者增加内部可替代性的思路，进一步设计具体的方法。

在降低外部流动性方面，要营造独特的组织环境。比较典型的例子是外资企业的经理人到民营企业工作，他们在外资企业中掌握的方法和知识并不能在民营企业中施展。当员工意识到这一点，知道如果离开组织，以前掌握的方法与知识就不能发挥作用时，他们在选择是否离开时将会非常慎重。加强企业文化建设，营造出温暖的组织氛围，也可以增强企业的吸引力，降低员工的流动性。又比如，强化价值观，有意识地选拔和培养价值观与组织一致的员工。企业可以通过相应的定向培训活动，影响员工价值观；还可以优化领导，尤其需要优化中层和基层领导力。如果基层领导力较弱，很多有潜质的年轻员工很可能没有机会与企业共同发展。

增加内部可替代性有以下三种方法。一是提倡知识共享，组织可以通过团队学习的手段把蕴藏在员工个体身上的知识和技能转化为组织的知识和技能，并让更多的员工掌握。团队学习可以由具有关键知识的员工来引领，这样更有助于员工把握学习进程，与其他员工相互学习。这样，原先只有一个人掌握的某种知识就转变为由一组人共同保有。组织在推行知识共享时，还要考虑与知识共享配套的激励机制。知识共享后，不仅人才的重要性会降低，而且人才本人的流动性也会降低。二是提倡导师制，即把一些关键知识，尤其是隐含知识，通过潜移默化的手段进行有效传递。组织也要注意建立激励系统来强化导师传递技能的意愿；建立其他人事系统使导师意识到他的有效传递能够为他带来某种收益，这样导师传递关键知识的意愿就会加强。三是扩大人才的替代池，可以在组织内部建立所谓的 AB 角，还可以在组织外部建立人才替代池以降低替代过程中的损失。

说到底，要将人才管理分为对"人"的管理和对"才"的管理。对人的管理是降低流动性；对才的管理就是增加替代性。最好的管理就是恰如其分地具体使用二者，让人才有用武之地。

◇◇◇◇ 绩效如何实现螺旋上升

绩效管理的底层逻辑是让组织拥有更好的绩效。要想把工作做好，真的是一件不容易的事。无论从员工个人层面、激励层面、领导层面，还是具体执行层面，都会由于各种原因面临绩效问题（见图 6-2）。

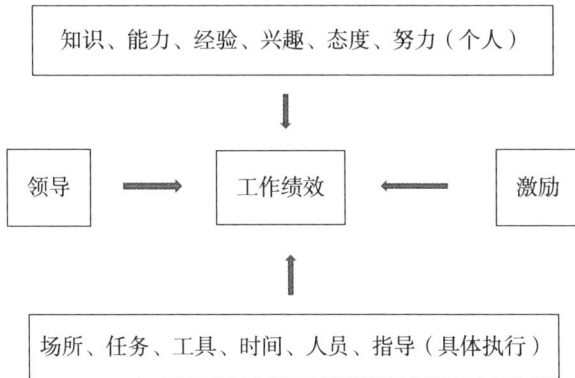

```
┌─────────────────────────────────────┐
│ 知识、能力、经验、兴趣、态度、努力（个人） │
└─────────────────────────────────────┘
                    ↓
┌──────┐      ┌──────────┐      ┌──────┐
│ 领导 │ ──→  │  工作绩效 │ ←──  │ 激励 │
└──────┘      └──────────┘      └──────┘
                    ↑
┌─────────────────────────────────────┐
│ 场所、任务、工具、时间、人员、指导（具体执行） │
└─────────────────────────────────────┘
```

图 6-2　工作绩效的影响因素

"从优秀到卓越"，就是不断地学习总结、寻找更好的解决方法的过程。美国质量管理专家爱德华·戴明（Edwards Deming）提出的 PDCA 模型具体化了这一过程，该模型通过"计划—实施—考核—行动"的循环（见图 6-3），实现绩效的"螺旋式上升"。

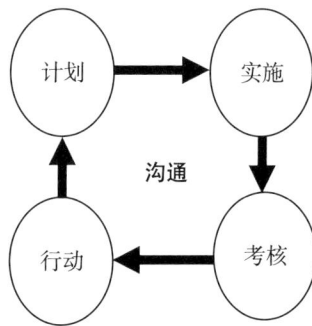

图 6-3 "计划—实施—考核—行动"的循环

先来说计划。结合绩效管理我们会发现，确定目标的关键是上下级之间的沟通是否充分。在沟通过程中，上级需要向下级解释：企业整体的目标是什么；为了完成这样的整体目标，我们所处的业务单元的目标是什么；为了达到这样的目标，企业对员工的期望是什么；对员工的工作应制定什么样的标准；制定什么样的完成工作的期限。同时，下级也需要向上级说明：自己对工作目标和如何完成的认识；自己对工作存在的疑惑和不解之处；自己对工作的计划和打算；在完成工作的过程中可能遇到的问题和需要申请的资源；等等。

在充分沟通的基础上，双方可以进一步设定目标。这时，SMART 原则必不可少，即目标应是具体的（specific）：使用清晰、具体的语言描述目标，减少"形容词"和"模棱两可"的描述，避免大而空洞的词；可衡量的（measurable）：尽可能用数字衡量，如果无法用具体的数字衡量，就没办法界定目标是否达成；可实现的（attainable）：很多人都容易犯一种错误，就是过度乐观地评估自己的能力和资源，结果制定了不可能实现的目标；相关的（relevant）：目标与目标之间的关联情况；有时限的（time-bound）：给目标设置一个时间期限，如果没有时间限制，目标的设置就没有意义。

制定好计划后，接下来就是将计划执行到位。"一二一"这个最简单的口令可以使队伍整齐划一。在企业管理中"一二一"相当于什么呢？就是定期对组织的目标完成情况进行检查。谁来扮演教官的角色，在企业中喊"一二一"呢？显然，各个层面的领导者就是教官。刚开始，整个队伍还没有和上步调，教官需要反复地纠正。但等到大部分人的步调调整好后，其他个别人的行为就有了参照。当队员感觉自己的节奏与整个队伍不协调时，他自己就会主动按照团队步调调整过来，"一二一"显然可以帮助团队实现"统一"。同时，管理者定期对计划进行检查非常重要，只有定期检查计划才能保证计划被严格执行。

接下来就是绩效考核，这是人力资源管理的重要组成部分。作为企业管理者，你是否"一想到考核，头就大了"，会想问"有没有一种最好的考核工具"。其实，与其纠结于那些乱七八糟的指标，不妨想想下面三条原则。

谁了解谁考核：许多公司认为考核如果不是360°的，就一定不公正。360°的考核看似全面，其实有很多很难规避的弊端。比如自我考核，有几个人能真正认识到自己的不足并愿意真心承认它呢？再比如客户考核，客户认真完成考核的动机并不充分，尤其是当考核结果与客户没有什么实际关系时，客户会更多地考虑人情，结果则会极大地偏离现实。作为外部人，客户很难真正了解被考核者的全部工作。由于角色不同，上下级间的工作有很大不同，下级只是接受上级的指令，不可能了解上级的工作内容，也不可能设身处地地为上级着想，因此，下级考核上级通常很难有好结果。其实，最有效、最简单的考核方法就是上级考核下级，原因很简单：上级了解下级；上级大多做过下级正在做的事；有助于维护上级的权威；等等。考核人选的复杂化只能增加考核的成本，没有多少实际用途。

考核不会完全公正：没有完全公正的考核，但有很多经理人试图把"追求卓越"的思想引入考核，那根本上只是一种理想。

对一个员工的工作绩效的评价显然不能只通过几个客观指标简单得出，因此绩效考核往往由主观评价和客观评价构成。可是一旦涉及主观评价，无论它在整体评价中所占比重有多少，都一定存在偏差，这也会使考核一定存在不公正的地方。重要的是把偏差控制在可以忍受的范围内。没有完美的考核结果，只有大体令人满意的考核结果。

考核的关键是放眼未来： 考核最重要的地方不在于纠缠于过去的表现，而在于通过小结为未来的行为奠定良好的基础。如今，人员管理方面的奖惩功能可以适当弱化，企业需要把考核的重点放在提取与人和工作相互适应关系有关的信息上，从而为组织和个体的共同成长奠定基础。换而言之，之所以考核，主要是想为企业的未来培养人员。

绩效考核的最后环节，可以通过设立绩效考核面谈进一步强化员工对未来绩效的认知。绩效考核面谈的形式可以基于达成未来的目的，根据员工绩效的状态进行调整。员工有抱怨，就多倾听一些；员工不清楚，就多指导一些；员工有困难，就多帮助一些；等等。上级主管在面谈的过程中，应与员工建立彼此信任的关系，创造有利的面谈气氛；避免对立和冲突；集中于如何达成未来的绩效，优缺点并重，而不是追究既往；以积极的方式结束面谈。

从改进述职报告开始

一般来说，PDCA 的最后一步是"行动"，不过，改成学习似乎更妥帖一些，它让整个绩效管理形成闭环，这也可以用"复盘"来形容，即总结成功经验或失败教训。比如，述职报告就是与个体学习直接关联的、企业经常采用的管理工具。

一般来说，述职报告包括四个部分：对上一个绩效考核期间工作业绩的总结（做了什么），工作过程中的成功经验（做得好的部分），工作过程中的失败教训（存在的不足），如何有针对性地改进（措施）。

述职报告的整套逻辑是严谨的：通过对工作的反思，总结出其中的经验和教训，然后沉淀下来，积累经验，吸取教训，并通过未来的工作进行检验，避免重复错误，从而不断进步。

然而，在现实生活中，人们经常将述职报告当成一种形式，在操作的过程中常常流于表面。如何改进述职报告呢？第一，整个述职报告的重点不是第一部分，而应该是第二部分和第三部分。减少第一部分的篇幅，比照曾经的计划，用数字说明达成的状况即可；第二，在第二和第三部分的写作方面，最好采用写具体事件的写作方式，通过对具体事件的回溯，将经验或教训具体化；第三，建议将第四部分与未来的工作计划关联，环境的变化、工作的变化、企业的变化等也会影响改进的方向。将自己的经验和教训与未来的工作场景结合，经验和教训也才更有意义。

进行绩效管理是为了得到更好的绩效。管理者应充分认识到任务的艰巨性，然后专心落实好绩效管理的各个环节，让绩效形成良性循环，企业就可以稳步地从优秀走向卓越。

◇◇◇◇ 金钱不是万能的

　　谈到员工的"收入"，我们通常想到的是物质报酬，但其实先要明确报酬和薪酬的区别。报酬是一个更广泛的概念，它是指一个人因为工作而从组织中得到的所有。报酬包括内在报酬和外在报酬，内在报酬是员工因工作本身所获得的心理满足和心理收益，如决策的参与权、工作的自主权、个人的发展等，是人们通过在一个组织中工作而得到的"精神收入"，是一种内心感受；而外在报酬，也就是常常说的薪酬，它是员工从企业得到的"物质收入"，比如基本薪酬、绩效薪酬、辅助工资和员工福利。

　　你怎么看待"钱不是万能的，没有钱是万万不能的"这一逻辑？有位企业家抱怨说自己已经给员工很多钱了，但他们依然没有他想象的那样工作。而我们通过不记名问卷调查发现，在员工期望的激励要素中，排在第一位的不是金钱，而是认可，他们特别希望能够得到管理者的肯定，却很少收到正向鼓励，甚至在工作场所很少看到管理者的微笑。很显然，这个管理者在一定程度上，正在通过金钱消灭员工的工作激情。

每个员工都有物质和精神的需要，内在报酬和外在报酬都不可偏废。但当二者博弈共存时，哪些情况下内在报酬更重要，哪些情况下外在报酬更重要？这因时、因事、因人而定，考验的是管理者的智慧。

想要在内在报酬和外在报酬之间寻找平衡，不能有失公允，否则会形成畸形的薪酬结构。

或许员工工作的最初动机是得到外在报酬，但一定时间后，员工就会开始需要内在报酬。虽然外在报酬能体现价值并且带来更直接的激励，但比起外在报酬，真正的人才总是希望从事一项有意义的工作。

或许员工最初的工作动机是获得内在报酬，但一定时间后，他们也会需要外在报酬，二者都得到满足，他们才会有着充足的内在动力。例如，刚刚入职的新员工看中的是一个企业的市场影响力和提供的平台，希望由此实现成长，但一段时间后他们往往希望能够有更多的金钱收入。

外在报酬提供了一种保障，内在报酬提供了内心的愉悦。美好的生活离不开物质，从需求层次的角度看，基础需求的满足和夯实都离不开充分的外在报酬。如果你为员工提供了好的物质条件，能够让其产生内心的愉悦，岂不是更好？

相较于外在报酬，内在报酬会给予人才更长久和深刻的激励，这一点只要我们看看员工办公桌上放的奖杯和橱窗里展示的奖牌就知道。精神和物质缺一不可，如果一定要给二者安排一个优先顺序，恐怕精神更重要一点。

对于一个持续工作的员工，特别是企业中的人才来说，内在报酬与外在报酬的平衡必须是动态的。长期来看，内在报酬对行为的影响会更大一些。因此，我们更有必要进一步认识影响内在报酬的因素。

一是组织使命。一个有着崇高使命的组织会对其成员有强大的感召力，这毋庸置疑。人们不仅希望自己拥有幸福快乐的人生，还希望自己的一生能更有意义，为社会带来有益的价值。要选择有使命的组织，选择其使命与自身价值取向相匹配的组织，这样员工不仅能获得源源不断的内在报酬，也能借此实现人生价值。从这个角度来看，组织使命除了在战略上引导整个企业的发展方向，也为具体的人员激励提供了根本来源。

二就是工作本身。大型组织尤其要注意这一点，有时员工所从事的工作只相当于庞大机器上的一个微小的零部件。如果只是想着能为下一个环节提供满意的中间产品，没有直接的结果导向，员工很容易出现倦怠和低落的心态。

一份工作在提供外在报酬的同时，一定也要能提供相应的内在报酬。管理层要提供有效的引导，将点燃员工心中的理想之火，使其进一步意识到工作的意义和价值。下面这个故事很能说明这一点。有人问三个砌砖工人在做什么，第一个工人说"在砌砖"，第二个工人说"在赚钱"，第三个工人说"在建设一个新城市"。

领导者是员工在组织内部的引路人，员工对于组织的判断在很大程度上会受领导者的影响。例如，在领导者对组织使命的秉承和贯彻中，员工的使命感也能得到相应强化；员工对于工作本身的意义的理解，也需要领导者的帮助。

当然，也有人认为内在报酬不切实际，它的确不能带来即时满足，但又何尝不是一种积极的"望梅止渴"，能够发挥外在报酬难以达到的激励作用？管理者只是把它挖掘出来，让员工特别是关键人才意识到，在一个组织中工作可以得到对其更重要的"精神收入"，激发人才创新的潜能和活力。

我们在职场里经常听到一句话：一个人因为金钱加入企业，一个人因为直接领导者离开组织。事实上，当组织给申请人提供了相当有吸引力的外在报酬时，员工其实并不知道他将要面对怎样的组织环境、怎样的领导者。这个领导者很具体，通常就是他的直接主管。如果他的直接主管能够给他带来内在报酬，比如赋予他工作的意义，那他的外在报酬其实就在升值；反之，他的外在报酬就在贬值。即使组织提供的外在报酬没有那么有吸引力，员工加入组织可能只是一种权宜之计，但是如果员工在接触领导者后，感受到了工作的意义和组织的价值，那么即使外在报酬少一点，似乎也没有那么大的影响。

在领导者生命周期理论中，随着下属工作能力不断提高，对工作任务的态度更加积极，领导者应该采取授权这一管理模式。为下属提供发挥个人能力的空间并及时给予其支持，比给予其各种奖励要有效得多。对那些内在动机很强烈的人来说，工作上不放手、不信任所造成的消极影响远远大于外在报酬所提供的诱惑。组织内最宝贵的情绪就是人们积极主动的工作态度，能够真正投入工作的人们，一定能感受到工作带给他们的愉悦。许多人说，组织内的人力资源可以是核心竞争力。而更准确的说法是：在强烈内在报酬驱动下的员工更有可能成为组织的核心竞争力。

小结

　　作为唯一有生命的生产投入，人员对于企业具有决定性影响，这要求企业必须重视人员配备工作。对于大多数中小企业，包括创业企业来说，更有效的人员配备方式是因人设事，也就是根据企业目前的人力资源状况来决定做些什么，这可能是最务实的做法。人才是企业成功的根本，企业必须重视关键性人才，采取更积极的方式来管理人才、激发人才潜能。同时，企业要明确绩效管理的目的，这样才能从根本上推动组织走向卓越。在外在报酬的基础上，企业需要更加注重内在报酬以及直接领导者对人才的意义，这一影响更加长远。

未来：在问题中行稳致远

环境的不确定性不会随着技术的先进和知识的丰富而减少，恰恰相反，我们知道的越多，我们不知道的就越多，这对企业管理者提出更大的挑战。如果说在过去企业家津津乐道的是做大、做强，那在未来，更现实也更优先的应该是做久，在变化的环境中生存和发展。企业在发展过程中必须调整对问题导向，这一关键理念的认识。企业存在的目的不是解决自身组织问题，而是通过产品或服务为社会带来价值。企业有问题并不意味着企业不健康，甚至绝大多数问题并不影响企业做久。为了能带着问题得到发展，企业必须强化自身的免疫力，通过夯实基础管理，扛住不确定性。相信只有那些通过扎实的能力建设的企业，才能够在即将展开的宏阔画卷中行稳致远。

持久之道：中华老字号的智慧

在充满不确定性的环境下，更多企业把做大、做强看成手段，把做久看成目的。比如，在证交所敲钟只是一种阶段性目标，而不是企业存在的全部意义。做久是比做强、做大更优先的战略目标。

通常，我们需要研究那些长寿的人，才能总结出长寿的关键因素。而想认真研究那些"做久"了的企业，或许中华老字号企业是不错的对象。大多数留存至今的中华老字号，都经历了百年的跌宕起伏，它们中有些已经不复往日辉煌，但请不要忘记，它们已然是长寿企业，它们与时代同呼吸、共命运，极好地诠释了企业的持久之道。通过对中华老字号企业的深入调研，我们能够发现那些历久弥新的、值得尊重的智慧。

情怀。创业者在强烈使命感的驱动下从事经营活动，一些描述不仅是书上的词句，也是切实的行动：他们的家国情怀体现为在战乱年代敢于不计回报地直面斗争，保卫民族利益；他们的文化情怀体现为从小耳濡目染接受的中华文化、儒学修养，以及基于此在经营活动中做出的各种努力；他们的乡土情怀体现为对故乡的眷恋与回馈。在那样的动荡年代，情怀是中华老字号经营者的"定海神针"，使他们能够始终秉持有益于社会的经营行为。

美德。我们的文化中有"修身、齐家、治国、平天下"的说法。受此影响，百年前的中华老字号企业奠基人比起成为一个只知谋利的商人，更渴望通过经营修炼自己，具备更多令人尊敬的美德。企业家的个人追求会扩展至他的企业，他会希望每个企业成员都像他一样。于是，一种最初仅受企业家个体所关注的美德成为整个企业基本运转的原则，为整个组织打下坚实的价值观基础。

坚韧。百年来，中华老字号企业的经营者凭借坚韧不拔的精神，坚守底线，顽强经营；无数的跌宕起伏塑造其坚韧品格。低谷时的蛰伏、高峰时的辉煌，都要求中华老字号企业保持平稳的心态与坚定的意志，冷静地做出抉择。如今，坚韧已成为中华老字号企业最强有力的发展支撑，也成为其敢于迎接未来的风雨的信心来源。

精进。面对不断变化的经营环境，故步自封无异于自绝于消费者与市场。想永葆活力，就需要与时俱进，追求精益求精。不断切磋、反复打磨一个领域、一个产品、一项技艺，追求卓越的思想已经深深融入中华老字号的经营理念，使其更受消费者信赖，有口皆碑。一些中华老字号企业不仅保留着对优秀非遗技艺的强化和传承，更会利用先进的制度和方法将其发扬光大。

博弈。博弈或者说是纠结，这个略显消极的心理状态却是一些中华老字号企业长期经营的底色。历史可以是财富，也可以是羁绊，这取决于审视者的角度。从中华老字号企业的发展看，对过去积累的经验、明确的理念和确定的方针应该持肯定、否定还是两者兼有的态度，是每个中华老字号企业的领导者在进行战略决策时必须认真思考的。从中华老字号企业的发展历程看，这一博弈利大于弊。在博弈中，决策者对外部变化和各种信息保持高度敏感，企业的决策行为更加审慎，中华老字号企业或许很难快速冲进风口中高速成长，但也因此，才能规避风险。

长寿企业成长的环境决定了它们的成长策略和发展路径，所谓一方水土养一方人，百年的沧桑锻炼了它们的筋骨，成就了它们的能力。情怀、美德、坚韧、精进和博弈，这些沉淀下来的独特基因，应该是其他企业虚心、耐心揣摩的。

从另一个角度来看，管理者把目光锁定在做大、做强方面，更会增强人们的外部动机，确立一些与企业经营并不密切相关的标准。比如，很多企业被所谓的"世界 500 强""世界 500 大"等头衔吸引，在战略上采取了错误的行动。只有谋求与环境、社会的长期和谐，企业才会真正关注使命和价值观，才会让自己在盈利性和合法性之间长期处于平衡状态。持久之道终究是对内心的修炼，至于外在的成就，则水到渠成。

发展才是硬道理

有些人之所以对中华老字号企业没有什么兴趣，很大程度上是因为感觉这些企业存在各种各样的问题。在很多人眼里，它们不是用来学习的，而是用来批评的。指出问题并不是一件困难的事，问题总是存在的，理论通常是在假想情况下总结出的有限完美，事实上事物总有两面性。所以，"一针见血"地指出问题的确是一件轻松的事，但这样指出问题有多大意义呢？任正非在《致新员工书》中有这样一段话："要有系统、有分析地提出您的建议，您是一个有文化者，草率的提议，对您是不负责任，也浪费了别人的时间。特别是新来者，不要下车伊始，动不动就哇啦哇啦。要深入、透彻地分析，找出一个环节的问题，找到解决的办法，踏踏实实地一点一点地去做，不要哗众取宠。"这也算是对于向企业提问题的员工该有的最旗帜鲜明的态度。

除了关注这种不了解情况的提问题"积极分子"，还要警惕组织内的"伪问题主义者"，这些人对组织的伤害可能更大，因为他们通常是管理者。对于这些人而言，问题的解决一方面带来了使用权力的愉悦感，另一方面巩固了其权力或使其获得了更大的权力。"力挽狂澜于既倒"不仅可以建立领导者个人在组织内部的威信，也会给个人在组织内部的成长带来助力。有这样一句谚语：手里拿着锤子，看哪里都是钉子。那如果没有钉子了呢？问题导向会催生机会主义下的监守自盗。人们有时候会自己钉上钉子再自己拔下来，或者将问题"假想化"。

这么说，我们能真的解决问题吗？一直以来，我们都将问题视为贬义的：问题就是与预期的差别。你眼中的问题，可能在别人看来并不是一个问题。在一个组织内，这样的认识偏差依然存在。处在不同的组织层次、不同的组织部门，呈现的情形也不同。例如，组织的高层管理人员会对上市所带来的信息披露，以及由此产生的人员流动率忧心忡忡，会请咨询公司共同研究如何优化薪酬结构以保有公司的核心人才；但组织的核心人才会因为企业的上市得到更多曝光，其职业机会和薪酬水平都有了明显的改善，对于他们来说，上市不是问题，而是机会。

从这个角度来看，就更容易理解为什么有时候组织无法解决问题。因为大家对于问题的认识存在差异，在解决问题的动力方面也存在差异。有些人有动力解决问题，有些人觉得无所谓，有些人根本不想解决问题甚至会对问题的解决设置阻力。如果对于问题的认识是片面、虚假的，那么问题注定解决不了。另外，问题的解决也涉及权力和利益。在解决问题的过程中，不可避免地会出现新的工作方式、工作流程，也会重新划分权责，在这样的背景下，问题似乎只是一个导火索。

可见，为了能够做久，管理者需要对问题建立新的认知。如果把企业发展比喻成旅途，那么我们可以把发展中的问题按属性分两类：一类是"陪你走一段"，另一类是"陪你走下去"。那么，如何对待这两类属性迥异的问题呢？

陪你走一段：企业在发展过程中，必然会面临一些阶段性问题，这些问题就好像一个孩子面对的"成长的烦恼"：营养跟不上他的成长速度；鞋子第二年就不能穿了；不太会与邻居打招呼；等等。企业在发展过程中必然会遭遇类似"问题"：管理者的水平跟不上企业的发展速度；办公室明显不够大；不太会与社区、银行等打交道；等等。这类问题有必要专门解决吗？家长们常说小孩子"不懂事"，这不正是一个孩子生长过程中的正常状态吗？哪个孩子不是随着年龄增长越来越懂事的？组织在成长的过程中，也一定会经历从青涩到成熟的过程。对于成长中的企业中出现的不完美或存在的各种各样的问题，管理者只要正确对待，就不会影响它们跌跌撞撞地成长起来。

陪你走下去："家家有本难念的经"，不论多幸福的家庭都有自己的问题，但"白玉微瑕"，一定的瑕疵才让美更真实、自然地表现出来。管理者真正要考虑的是，企业中现在存在的问题对组织的健康发展是否致命，如果不致命，那就调整自己的认知图式，接受问题，让它成为你旅程中的伙伴。

可见，对于阶段性问题，等等就好；对于不致命的问题，接受就好。总之，不要试图一劳永逸地"解决"问题。

不知从什么时候开始，"问题导向"似乎成为一种"先进"的理念。管理者沉迷于问题的解决，忘记了还有更重要的事情。关键在于，问题总是存在的。通常解决完一个问题，必然会有新的问题出现，所谓兴一利必生一弊。就好像用汽车替代了马车后，城市的马粪危机得到了解决，但汽车带来了新的问题。没有哪种解决问题的方法是完美的，采用了一种解决问题的方法，就要准备接受这个方法不可避免地会带来的新问题。但这样一来，问题的解决还有尽头吗?

我们要意识到，一条江河里是否存在礁石阻碍航行，与礁石的大小无关，而与江河的水位有关。水位高时，大的礁石也不构成威胁；水位低时，小的礁石也会为航行带来风险。与其与礁石较劲，不如提升水位，因为我们的目的是航行而不是清理河道。

如果一定要说企业真的有什么核心问题，那只有一个——发展。管理者必须心无旁骛，始终聚焦于发展这个核心问题。很多问题都只是发展过程中暂时出现的，发展是企业的根本问题，也是解决各种问题的根本手段。

如何清醒地锁定问题：鱼骨图

鱼骨图，又名石川图，是由日本管理大师石川馨提出的。石川馨是 20 世纪 60 年代日本质量管理思想的奠基者和推动者。石川馨重视数据和理性归纳分析，通过不断深入和细化可能影响质量的因素，从而实现持续改善，将"质量第一"从理念层面推至具体的执行。正是受他的影响，日本企业的经营思想有了很大进步。

鱼骨图原本用于质量管理领域，但它的作用远不止于此。鱼骨图就是通过罗列造成结果的原因，并将众多原因分类、分层而做成的鱼骨状的图，它用图形的形式直观清晰地表示了原因和结果。我以足球比赛为例（见图 C-1）。

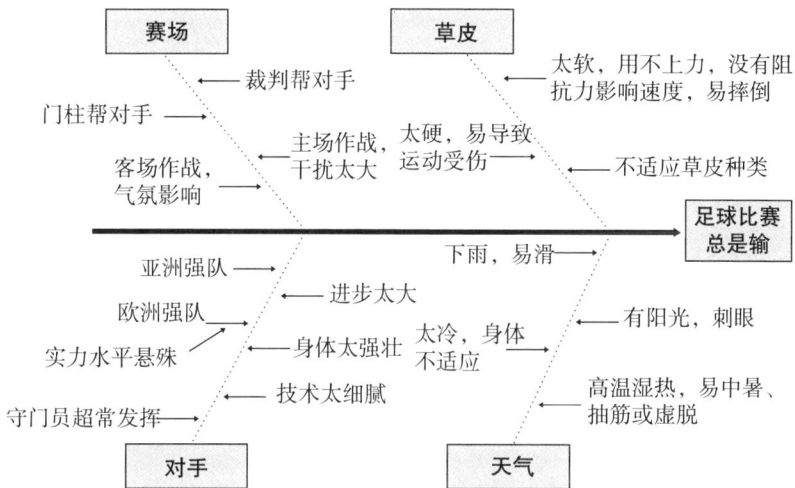

图 C-1　鱼骨图示例

鱼骨图提供了两层分析。在第一层分析中，需要将造成问题的原因分出主次，即分出主要矛盾和次要矛盾。例如，如果造成足球比赛输了的原因有很多，经过多方采集数据并进行分析，认为"赛场"是影响最大的原因，那么它就可以被定义为造成输比赛的主要矛盾。在鱼骨的每一根大刺上还有若干小刺，在第二层分析中，就是看哪一根关键小刺对这根大刺有更多影响。经过客观数据分析，找到"客场作战，气氛影响"是"赛场"这根大刺中的关键小刺。

如果把第一步称作找到问题的主要矛盾，那第二步就是找到矛盾的主要方面。套用二八定律，就是所谓20%的原因决定了80%的问题的解决效果。主要矛盾的主要方面，也就是主要大刺中的关键小刺的数量占到整条鱼所有刺的数量的4%（即20%×20%），但是可以影响整条鱼的问题解决效果的64%（即80%×80%）。

换句话说，如果造成问题的大大小小的原因共有100个，通过解决4个问题，整件事情就会得到明显的改善，至少有超过一半的改善作用。虽然这离完美还有一段距离，但是整件事情由此可以得到一定控制。不过这个数字的另一面也是值得警惕的，如果没有找到这4个主要原因，即使非常辛苦地花了大量资源把另外96个问题都解决了，对于整件事情的影响也只有36%，离起到一半的改善作用还很远。

虽说这并不是严谨的数学验算，但是足以令人警醒。管理者必须理性地关注对绩效有决定性影响的重大问题。如果失去了专注力，过多纠缠于那些鸡毛蒜皮的小事，即使天天忙得团团转，对整体而言也起不了太大作用。用鱼骨图分析可以让人更清醒地锁定问题，尤其是当组织资源有限时，可以让管理层更聚焦于重要问题，真正做到纲举目张。当然，这也意味着组织不可能做到完美，总会有着这样或那样的小毛病，只要这些小毛病不影响企业的持久发展，倒也无妨。

强化免疫力，应对不确定性

如何应对极端的严寒？企业不可能像候鸟那样选择南飞，倒是可以模仿那些躲在洞穴里冬眠的小动物们。为了应对极寒天气和因为极寒天气带来的食物短缺等生存挑战，冬眠的动物们都会在冬季来临前大量储存能量。为了降低身体对能量的需要，它们会减少一切不必要的行为，甚至让自己的体温随环境变化。例如，土拨鼠在冬眠状态下，体温会从39℃降至7℃，心跳从原来的每分钟100次跌至2到3次，在饥寒交迫的状态下度过整个冬天。

体育竞技项目有时也是如此。在很多情况下，例如在足球、篮球、橄榄球等项目中，想战胜对手就需要硬扛。在一场比赛或一个赛季中，总有那么一段时间队员们身心俱疲，此时让人坚持下来的最重要的因素就是进行体能储备。所以，在赛季开始前，教练们会通过高强度的训练提高运动员的体能上限，这样他们才有可能在未来持续发生的强对抗中坚持下来。而在赛季过程中，有经验的教练会根据对手、比赛频率等调整上场选手，从而更合理地分配整个球队的体力。只有这样，运动员们才能顺利度过一个漫长的、充满挑战的赛季。

面对扑朔迷离的市场环境，企业需要准备硬扛。为了能够看到春天，企业需要做两件事：强化能力和保存体力。

一是强化能力。这具体表现为完善基础能力，并在此基础上积极培养关键能力。

完善基础能力：企业的正常运转依赖于必要的基础能力。而管理的目标就是帮助企业改善和强化基础能力。这是一件"操之在我"的事，关键在于企业管理者是否真正意识到，扎扎实实的基本功才是持久发展的基础。

培养关键能力：关键能力的锚定对象是竞争环境。例如，不同的户外运动要求的关键能力不同，在沙漠戈壁行走和在山林行走，对装备以及个人的要求显然是不一样的。所以，哪些能力重要不是通过企业单方面的自说自话得出的，要以市场生存为判断依据。这里我们不用人们习以为常的、基于大公司或成功企业总结出的各种有关能力的概念，而是回归更朴素的问题：为了熬过漫长的冬季，哪一项能力是必须强化的？看看生物进化史，就知道那些存活下来的是碰巧拥有适应未来环境变化的技能的生物，而不是本身多么强壮的生物，恐龙和蚂蚁就是最好的例证。

二是保存体力。 如果运动员不知道保存体力，就无法完成竞技。在充满未知的路上，为了能顺利地到达目的地，保存体力是特别重要的原则。在企业管理方面，保存体力具体表现为控制成本、减少不提升价值的活动、持续优化系统，以及特别需要注意的是，减少风险性尝试，尤其是创新尝试。

具体而言，企业在经营管理活动中要严格控制成本并减少不必要的不提升价值的活动。当企业经营情况良好时，整个企业都不在意成本；而当企业遭遇困难时，才想到节约成本，但是已经养成的习惯又怎么能够轻易改变？不乱花钱是企业永续经营的基本理念。企业是为社会创造价值的组织，必须尽一切可能减少不提升价值的活动。

一辆车如果不注意保养，油耗就会增加；一个管理系统如果不注意优化，就会不可避免地出现问题。"再造工程"理论之所以在 20 世纪 90 年代非常流行，正是因为那时企业需要从流程层面彻底地降低成本，这个理论所传递的理念并没有因为时代的变化而褪色。无论企业形态多么千姿百态，企业的运营效率总是被关注的重点。裁撤不必要的部分、减少不必要的流程、降低决策的等级等，可以节省整个公司的体力。

很多冬眠的动物们都是老老实实地待在它的巢穴里，慢慢等待春天真的到来。或许它不能捉到第一条鲜美的小鱼，但是它能稳健地在初春的阳光里漫步。硬扛的时候要放弃奇思妙想，这时的企业经不起折腾。

一项对创业者的研究指出，虽然影响创业成功与否的因素很多，但起决定作用却是创业者的品格是否坚韧。从经营层面，坚韧不是一种简单的"抗击打"，而是一种艺术化、学术化的"硬扛"。面对未来的不确定性，企业应以谦虚的态度，以更加扎实的步伐沉着发展。每个个体和组织都有一种更正常也更原始的解决问题的方法：硬扛。这需要你拥有更强大的能力并且善于保存体力。对企业来说，经营出现困难或亏损是经营活动的一部分，管理者可以谋划盈利、享受盈利，同样也需要控制亏损、承受亏损。这要求管理者做好心理准备，套用一句经常用的俗语：亏损不可怕，可怕的是怕亏损、总不想亏损。

免疫力意味着抵抗力。对于个体来说，如果想让身体更健康，从本质上来讲就要不断强化自身免疫力，对那些已知甚至未知的病毒进行更强有力的抵抗。企业要把免疫力这样一个生物学的概念借用到管理实践中，在走向未来时，企业迎接各种挑战的资本只能是自身强大的能力和体力。

持久经营对今天的企业来说是一个严峻的挑战，环境的动态性和复杂性向管理者出了一个很大的难题。企业不需要追逐那些管理时尚，应以更平和的心态审视那些长寿的企业，并从更深的层次向它们学习。只有这样，才能成就伟大的企业。企业在发展之路上会遇到各种困难，管理者不用太纠结于路上的颠簸，而要始终保持目标导向，让发展的喜悦抹平各种意想不到的问题带来的痛苦。痛并快乐着本来就是经营的基本状态。管理者需要找到关键问题，同时忽视那些鸡毛蒜皮的小事。

现阶段，对于企业来说，围绕企业自身能力进行建设非常重要。在深水区，尤其是在不知道深水区深度的时候，企业能依赖的只有自身的坚韧。在深水区，与其追逐市场中的风吹草动，不如踏踏实实地将眼光向内，夯实基础。尽管宏观层面会出现各种变化，但微观层面的企业经营逻辑还是相对稳定的，那就是通过不断优化内部运营，实现对市场、客户、消费者的需求满足。凭借扎实的内部能力，企业经营者可以更自信地应付外部的风雨。

时代在呼唤卓越的企业和企业家，相信经过市场风雨的洗礼，更沉着的企业家带领更为扎实的企业，一定能够成就新的传奇。

未来：在问题中行稳致远

管理的博弈：在变化中把握确定性

　　如果将企业管理比作一场需要漫长角力的棋局，那么对手可能是同行、机遇、时间，也可能是各种各样的不确定性。近几年，这种不确定性大大增加，那些辉煌一时的企业常常以令人意外的方式退出曾经驰骋的赛道。同样在不确定的环境下，也有幸存者，甚至还有逆风飞翔者。

　　这带给我们信心，同时也让我们好奇：在不确定的环境中，到底应该做些什么？我们应在诱惑与陷阱中探索，在机遇与挑战中前行，在风景与初心前坚守，在利益与情怀下抉择。每走一步，企业管理者都不得不以行动来回答：如何用更低的成本换取更高的效益，如何用更优质的投资赢得更丰厚的回报，如何以更少的亏损换取更好的局面，如何以更小的代价换来更大的发展，如何用更少的失败获得更多的成功……答案不是唯一的，也不是固定的，或许在下面的案例中能窥见一二。

能力与欲望的角逐

为什么很多企业会昙花一现？在今天这样一个信息丰富的社会，那些"才华横溢"的企业高层领导者站在企业链条的顶端，处在平台系统的核心，甚至还是整个生态系统的主导者，他们原本更能带领企业华丽转身，可他们的企业为什么还是销声匿迹了？

案例 1：优胜教育——根基不牢地动山摇

"我们一度以为，优胜教育离上市不远了。"这是优胜教育的创始人在其一手创办的优胜教育即将崩盘时发出的感慨。作为拥有1000余个分校区的行业翘楚，他一直把其独创的"直盟"模式，作为优胜教育的独门秘籍。直盟模式，即分校区的加盟商只要出资建设校区，无须参与校区的日常经营与管理，校区的管理运营统一由优胜教育一方负责，双方共同承担风险。优胜教育承诺加盟满一年的加盟商可随时选择退出加盟，优胜教育会以110%的出资额回购校区。这虽然打消了加盟商的顾虑，但也为优胜教育后来的崩盘埋下了祸根。

只设投资门槛的加盟模式吸引了无数加盟商，但并不是所有加盟校区的经营水平和管理水平都达到了标准。校区经营情况的好坏很大程度上取决于管理人员的素质，一些加盟商对师资和管理队伍的要求标准一降再降，甚至会在没有配齐管理人员的情况下强行开课。

为了实现品牌规模的扩大，优胜教育的创始人逐渐放松对加盟商的管理，"直盟"模式逐渐走形。他并未建立一套有效的管理机制，也缺乏对加盟商的综合考核标准，资金实力是衡量加盟商的唯一硬指标，"个性化教育全国连锁机构第一品牌"的企业愿景渐渐沦为一纸空谈。

与此同时，优胜教育的业务还在向线上转移并大打价格战。有些一线业务人员甚至私自向客户许诺价格优惠，然后再向公司管理层寻求资金支持。许多原本财务结构就存在隐患的校区开始连续数月发不出工资，资金挤兑愈发严重，一边是讨薪罢课的老师，另一边是要求退费的家长。面对这种情况，优胜教育只能发出了那封著名的《一个近20年教育行业创业者的致歉信》，并向阿里、腾讯等头部企业请求援助。然而，"负责到底"的承诺显得那么苍白而无力。

附记　管理的博弈：在变化中把握确定性

优胜教育最终还是败在了发展和能力的角力中。创业初期，标准化的管理体系帮助优胜教育成长和发展；而在企业扩张期，基础管理薄弱这一短板逐渐显现，规模和影响力占据了管理者的全部视线。企业就像一棵树，根基牢固时能够稳步成长，而在枝干丰茂时，如果根基并没有变得更牢固，那么倒下也就成了自然而然的事情。

案例2：ofo——管理薄弱致命打击

2021年7月26日，网上出现一份法院公开裁定书——某管理咨询有限公司与某供应链科技股份有限公司合同执行裁定书。法院对被执行人的财产等进行调查，未发现公司有财产可供执行，法院已对被执行人进行高消费限制。该管理咨询有限公司之所以受到关注，只因为它背后的关联公司，是曾经的共享单车行业龙头ofo。

2014年，5名北大硕士凭借"共享经济＋智能硬件"的概念在校园内创立了ofo品牌。2015年，ofo正式走上发展快车道。2016年，ofo完成5轮融资，融资总额超过2亿美元，同年开展海外运营。2018 年，ofo 完成 E 轮融资，逐步退出海外市场，专注于国内市场并与摩拜开始打价格补贴大战。2018 年年末，公司陷入经营危机。2019 年，垂死挣扎的 ofo 一边疲于应付给 1600 万用户退回押金，一边向媒体声称公司并未破产，一切正常。

短短 5 年的时间，ofo 从一个账面只剩 400 元、濒临破产的小公司一跃成为明星企业，而后又迅速衰败并消失在公众视野中。在不断扩张融资规模的过程中，ofo 内部管理的问题让这个年轻的企业付出了惨痛的代价。ofo 公司内部管理方式非常学生化，员工之间称兄道弟，处理公司业务时讲求兄弟义气，而非业务水平，公司规定朝令夕改，KPI 考核沦为一纸空文。

初次创业就获得成功，这让只有学生会管理经验的企业管理者完全没有意识到完善的管理体系在经营企业中的重要作用。类似优胜教育、ofo 的失败，都有一个共同点：光鲜的外表下是孱弱的身体——庞大的企业背后是薄弱的管理，正是这一致命伤让飞速成长的企业一败涂地。

当然，市场中也不乏一些幸存者甚至逆风飞翔者，它们成为不确定环境下不一样的风景。

案例 3：加加食品——聚焦管理迷途知返

怎么打开酱油？我们习以为常的打开瓶盖再拉开塑料拉环的开瓶方式，其实来自一个一些人不太熟知的品牌：加加酱油。20世纪90年代末期，湖南省宁乡市加加酱油厂的老板杨振发现，当时市面上旋盖式的酱油瓶使用起来非常不方便，他对瓶口的设计进行改进，在瓶盖内增加了塑料拉环。杨振后来生产出国内第一瓶拉环式开瓶的酱油。

加加酱油在创立初期的产品定位是高端酱油，产品价格是市面上普通酱油的2~3倍，如此高的售价建立在成功的营销策略的基础上。在21世纪初期，加加酱油买下了中央电视台黄金时段两个月内的广告位。在那个电视媒体盛行的时代，加加酱油的营收一度进入行业前三，2012年成功在A股上市，成了当时的"中国酱油第一股"。

上市后的加加酱油将募集的款项用于拓展品牌业务线，发展优质茶籽油和优质酱油。然而，试图以量取胜的加加一心扩建，导致产能过剩，库存积压，多业务模式的尝试没带来好结果。同时，公司缺乏科学、专业的管理模式，单纯依靠家族式管理，在企业的重大发展节点缺乏科学的决策机制。加加酱油厂的老板在企业决策中掌握很大的话语权，其儿子和妻子的加入，也使公司的管理重心更加倾斜，管理费用连年上升，不同的声音在加加的管理层中已经很难再听到。加加酱油对供应商的预付款项也呈现连年增长的态势，2020 年，其被证监会实行风险警示，加加食品股票简称正式变为"ST 加加"。

事实上，早在股票被"戴帽"前，加加就已意识到公司在企业管理方面存在的问题。2019 年年底，痛定思痛的加加酱油管理层提出了回归主业、重新聚焦调味品的发展战略，同时着手解决内部管理问题，建立科学的决策机制和现代化的管理模式。公开财报显示，2019 年，加加酱油营业收入为 20 亿元，同比增长超过14%，营业收入和增长幅度均创 2012 年上市以来的新高。业绩增长的同时，公司的毛利率和净利率也实现双回升，净资产收益率同比实现增长。2021 年 7 月 28 日，在被实施风险警示处理一年后，加加食品成功"摘帽"，股票简称重新变回"加加食品"。

加加食品在发展过程中也曾误入一味扩大产能的歧途，幸运的是，公司管理层能够及时调整，然后从培植根基入手，扎扎实实地提升管理水平。尽管重回"中国酱油第一股"的路还很长，但能在变化的环境中脱胎换骨，必然会给加加食品带来巨大的信心。

案例 4：汾酒集团——苦练内功改革升级

2012 年后，汾酒集团发现之前的经营策略和管理方式难以为继，于是将工作重点转向企业内部，苦练内功，将产品品质作为企业发展的根基。从 2013 年开始，汾酒集团加大对粮食基地的投资建设，严控上游原料品质，重新制定产品品质标准，与国际品质标准接轨，对于下游营销产业链进行拓展升级。在 2015—2016 年，汾酒集团重新实现营收增长，正式走上了改革之路。

改革的第一步，是经营上的充分放权。汾酒集团与下属公司签订目标责任书，下放多项决策权力。汾酒销售公司率先进行示范，建立组阁制管理，实现领导与员工的双向选择，许多一线业务人员得到重用。同时，汾酒集团还逐渐建立了完善的内部监管机制，通过将述职工作日常化，加强对基层工作的监督管理，实行优胜劣汰，对于考核排名靠前的单位和个人给予奖励，而对于考核排名靠末尾的单位和个人实行部门降格、负责人降职的惩罚。新的管理模式和薪酬激励方式彻底激发了员工的积极性，团队活力也得到释放。

伴随内部变革，汾酒集团还通过引进投资，进一步优化公司的股权结构，解决了一直以来管理体制僵化的问题。2018 年 2 月

3日，华润创业与汾酒集团签署股份转让协议，华润创业的控股子公司华创鑫睿正式成为汾酒集团第二大股东。双方约定，在5年内，华润创业不得转让股份，汾酒也不得再次出让股份，这意味着华润创业与汾酒将在5年内实现稳定而深入的全面合作。华润创业将通过先进的管理理念、多渠道的产业资源等与汾酒集团实现多方位协同，为汾酒集团的改革持续提供助力。

汾酒集团实现了连续3年营收增长，同比增幅均超过20%，净利润翻了一番，并在2018年提前完成计划需要3年才能完成的改革任务，2019年正式步入白酒行业中营收百亿的阵营。2019年年末，在3年改革任务接近尾声的时候，汾酒集团成功实现酒类资产整体上市，成功实现了混合所有制改革，成为山西省第一家，也是白酒行业中第一家整体上市的企业。

汾酒集团的表现无可辩驳地说明了管理的价值。虽然人们在讨论这种大型企业时，更多地聚焦于战略、市场、模式等，但毫无疑问，通过各种方式不断地夯实管理基础，也能使增长水到渠成。

管理的博弈：在风雨中夯实根基

回顾了上述 4 家企业或迅速闪耀后折戟沉沙，或摇摇欲坠而迷途知返的经历，审视了其在面临机遇与诱惑、危机与挑战时的博弈与抉择后，我们不难对开篇的问题有了一个初步的回答：在企业的经营和管理实践中，特别是在充满不确定性的市场环境中，苦练内功，夯实根基，不断提升企业的基础管理水平，对企业而言有着无论如何强调都不为过的重要性。

CB Insights 通过分析 101 家创业公司失败的案例，总结出如下企业创业失败的主要原因（见图 P-1）。

这个总结之所以值得注意，是因为它对失败更多地进行内部归因，即让创业企业从自己身上找原因。毕竟在同样的市场环境下，有些企业获得了成功。在不确定的市场环境下，决定一个企业失败或成功的主要因素是其内部是否夯实了足够坚实的基础。这么说，并不意味着全然否认外部条件的重要性，只是相较而言，企业自身的管理基础更重要。

对企业来说，根基不牢，地动山摇。打好基础的关键是企业经营者必须将目光从搜索外部机会转向真正的"反求诸己"。这件事说起来容易，做起来很难，因为很多企业经营者已经习惯于往外看，将搜索外部的发展机会视为优选行为，如何转"危"为"机"成了许多企业经营者愿意讨论的话题。例如，如果把危机比

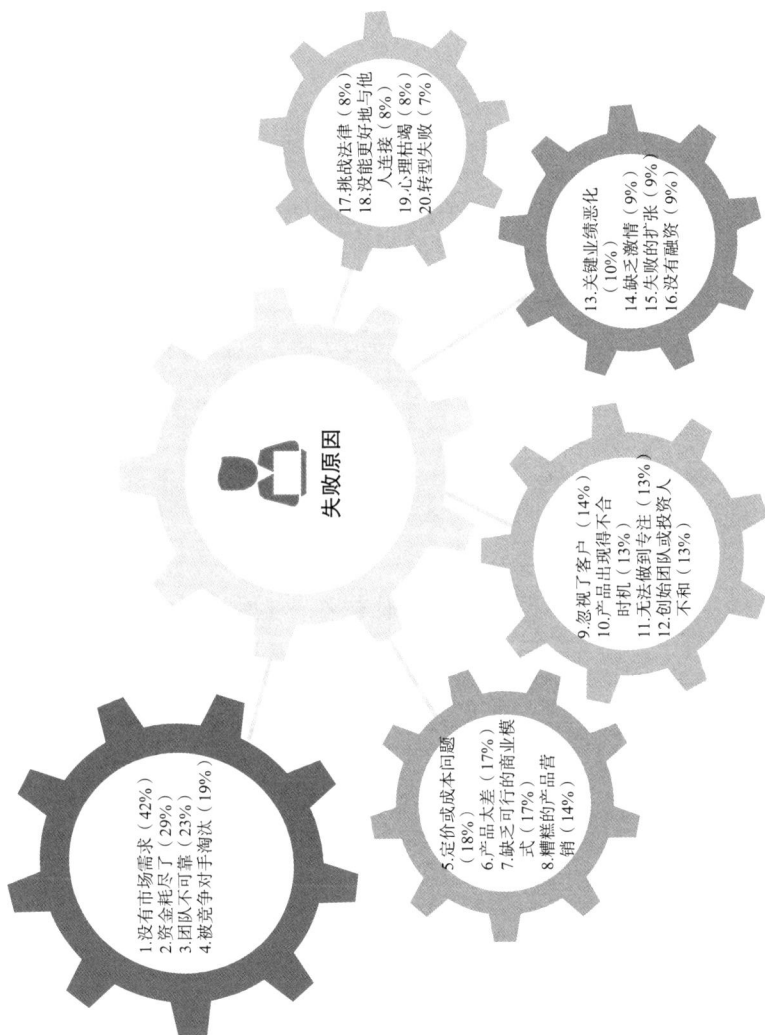

图 P-1　创业公司失败原因

1.没有市场需求（42%）
2.资金耗尽了（29%）
3.团队不可靠（23%）
4.被竞争对手淘汰（19%）

5.定价或成本问题（18%）
6.产品太差（17%）
7.缺乏可行的商业模式（17%）
8.糟糕的产品营销（14%）

9.忽视了客户（14%）
10.产品出现得不合时机（13%）
11.无法做到专注（13%）
12.创始团队或投资人不和（13%）

13.关键业绩恶化（10%）
14.缺乏激情（9%）
15.失败的扩张（9%）
16.没有融资（9%）

17.挑战法律（8%）
18.没能更好地与他人连接（8%）
19.心理枯竭（8%）
20.转型失败（7%）

附记　管理的博弈：在变化中把握确定性

235

成雨，那么经济危机就是暴风雨，雨不大的时候，雨伞能够用来避雨；可如果是下暴风雨，打伞还能起到避雨的作用吗？尤其是，当风并非来自一个方向时，伞经常会被刮翻，甚至反而带来更大的麻烦。

这种"危中找机"的想法相当普遍。过去几十年的管理实践一再表明，开放的、巨大的中国市场为企业发展提供了超出想象的空间，"总有机会"的观点深深烙在企业家的脑海中。可随着市场经济的发展，一些曾经存在的机会正在消失。外部机会，尤其是跨行业的机会所提供的更高的利润率容易使企业家迷失方向，使企业脱离原来的发展轨迹并盲目展开多元化。根据外部机会进行战略定位的行为注定会给发展中的企业带来问题。

一些企业管理者放眼世界、放眼未来，唯独没有脚踏实地地构建一个企业的根基，这是非常危险的。那么，什么是一个企业的根基？尽管现在企业在表现形式上与之前有所不同，例如从所谓的机械时代进入数字时代，工作状态也的确与之前不一样了，但是企业的根本属性并没有发生变化：以盈利为目的，生产产品或提供服务，满足市场的需要。

管理学中有这样一个比喻，即把企业看成一个黑盒子，投入人、财、物等，经过黑盒子的运转，就会有产品或服务等的产出。黑盒子的运行效率不仅决定了企业的竞争力，也决定了企业能否在市场上生存。影响黑盒子运行效率的关键就是内部管理。构筑坚固的管理根基，意味着企业管理者踏实地做好内部管理工作，保障任务顺利完成。这不需要什么聪明才智，不讨巧，不显眼，因而常常不受人重视，人们的目光更容易被一些"热门""高级"的概念吸引。

如果没有扎实的根基，外部的风光和绚烂就总是短暂的。谁能顶住风浪，不在于谁能发现风浪中的薄弱点，而在于谁的基础更扎实！

企业管理者只有向内看、强化自身，才能让企业获得应对外部不确定性的力量，从而让企业乘风破浪、健康前行。将战略思维重点从扫描外部机会转换到更多地思考内部问题上吧！正如美团创始人王兴曾说："真正的高手，都在苦练基本功。"目光往内，认真做好管理，这是一件确定、一定以及肯定的事。